AF453376

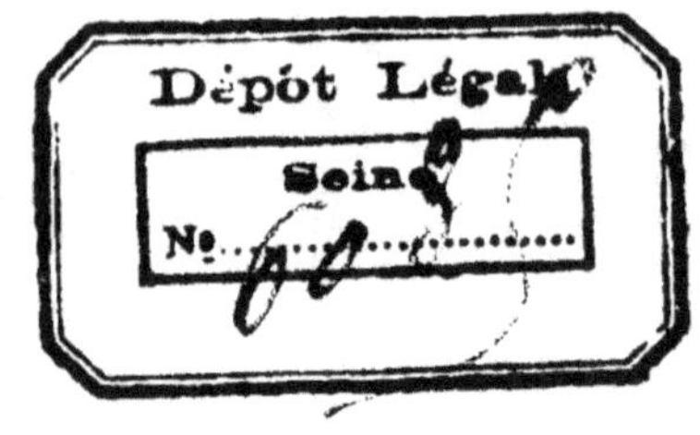

LA

PÉDAGOGIE

DANS

L'ALLEMAGNE DU NORD

LA PÉDAGOGIE

DANS

L'ALLEMAGNE DU NORD

LES PROGRAMMES — COMMENT ON LES ENSEIGNE

COMMENT ON APPREND A LES ENSEIGNER

D'après des Documents originaux et des Observations personnelles

PAR

GEORGES DUMESNIL

ANCIEN ÉLÈVE DE L'ÉCOLE NORMALE SUPÉRIEURE

PROFESSEUR AGRÉGÉ DE PHILOSOPHIE

PARIS

LIBRAIRIE CH. DELAGRAVE

5, RUE SOUFFLOT, 5

—

1885

Ce livre est un extrait et un court résumé méthodique des observations et des études multiples que j'ai faites sur l'instruction publique en Allemagne, pendant une mission de deux années (1882-84). Cette mission, je l'ai due tout particulièrement à M. Buisson, directeur de notre enseignement primaire, et mon premier devoir, comme le mouvement spontané de mon extrême gratitude et de mon attachement personnel, est de le remercier de la confiance qu'il a mise en moi et du constant intérêt dont il m'a donné de longues preuves. C'est à lui d'abord que j'offre respectueusement ce volume, dont il a rendu la composition possible.

M. Gréard, vice-recteur de l'Académie de Paris, a également lu ce travail avec bienveillance, dès mon retour en France, et il l'a recommandé de sa haute autorité pédagogique et littéraire. La *Revue pédagogique*, la *Revue de l'enseignement secondaire et supérieur*, puis la *Revue internationale de l'enseignement*, ont publié quelques-uns de mes chapitres. On les retrouvera ici à leur place dans la suite et l'enchaînement du tout.

Quelques exemplaires de ce volume iront en Prusse et en Saxe. Qu'ils portent l'expression de ma reconnaissance à tous les membres de l'enseignement public et privé dont j'ai mis largement l'obligeance à contribution. Depuis le ministère de l'instruction publique jusqu'à la dernière école de hameau, partout j'ai rencontré un empressement, une urbanité, une confiance dont j'ai été vivement touché et que je suis incapable d'oublier jamais.

G. D.

Paris. 26 avril 1885.

LA PÉDAGOGIE
DANS L'ALLEMAGNE DU NORD

PREMIÈRE PARTIE

ENSEIGNEMENT PRIMAIRE ET MOYEN

CHAPITRE PREMIER

LES JARDINS D'ENFANTS

(Kindergarten)

Les exercices et les méthodes des jardins d'enfants. — La préparation pédagogique des directrices de jardins d'enfants.

Les établissements qui accueillent pendant la journée les enfants au-dessous de six ans, sont en Prusse, comme ailleurs, de diverse nature. Ils ne sont pas placés sous la direction de l'Etat, mais seulement sous cette surveillance à laquelle n'échappe aucune forme publique de l'éducation en Allemagne (1). Leur indépendance relative contribue à maintenir la variété de leurs types, dont on distingue trois principaux : les crèches (*Krippen*) ; — les garderies ou salles d'asile (*Kinderbewahranstalten*) ; — et les jardins d'enfants (*Kindergarten*).

1. Ordonnance du 31 déc. 1839.

Ces derniers ont pris naissance en Allemagne et leur création par Fröbel forme un des chapitres les plus connus de l'histoire de la pédagogie. Leur méthode a trouvé des défenseurs, des vulgarisateurs et des imitateurs dans toute l'Europe, et elle est appliquée, chez nous-mêmes, en plusieurs endroits. Quelques réserves qu'on puisse faire sur son œuvre, Fröbel a déterminé un mouvement considérable au profit de l'éducation du bas âge ; une partie de ses procédés est incontestablement destinée à se transmettre, sous une forme plus ou moins intacte ou modifiée, à l'enseignement futur de toute école primaire préparatoire ; et les Sociétés allemandes qui fondent des écoles de ce genre, aiment à se placer sous le patronage de cet ami passionné des petits enfants.

Je me suis mis en rapport avec la Société Fröbel, de Berlin, et j'ai visité un de ses établissements, celui de la Prinzenstrasse, nᵒ 70. Il se compose de deux classes. Dans la première, on reçoit les enfants de trois à quatre ans. Dans la seconde, ils ont de quatre à six ans. Chaque local se compose d'une grande pièce, dont une petite partie seulement est occupée par des bancs. Le reste est un espace libre, où ont lieu les marches et les jeux. Les murs sont tout nus. On y suspend les effets des petits élèves. Il n'y a pas même de tableau noir.

Les enfants sont reçus le matin de neuf heures à midi et l'après-midi de deux à quatre heures. L'école est mixte. Les parents payent une somme de quatre marcs (1) par mois. Les « jardins d'enfants » ne se donnent pas pour mission spéciale de garder les enfants pauvres dont les parents sont retenus toute la journée loin de leur domicile, à leur travail. Ils entendent bien plutôt combiner leur action avec celle

1. Le marc vaut, comme on sait, 1 fr. 25.

de la famille. Ce sont des externats qui veulent être recherchés à cause de leur utilité comme école de la vie.

On connaît les jeux et les exercices imaginés par Fröbel. Pour occuper les doigts et développer l'adresse manuelle des enfants, tandis qu'ils sont assis à leur banc, on leur donne des bâtonnets en bois et de petites tiges courbes en acier ; avec ces éléments, ils doivent, sur les indications de la maîtresse, rapprocher les lignes essentielles d'un objet connu ; une maison, un drapeau, une pomme, une prune, une fleur, etc. Cette représentation paraît bien sèche. On est en droit de se demander si elle intéresse l'enfant, en l'absence de l'objet lui-même. Ne faudrait-il pas tout au moins que la maîtresse se servît d'une image coloriée et traçât au tableau, d'une manière distincte, les trois ou quatre traits principaux qui déterminent la forme d'un objet et qui suffisent, à la rigueur, pour le rendre reconnaissable, les seuls que l'enfant puisse reproduire avec ses tiges et ses petits bâtons ?

On donne aussi aux enfants de petits cartons préparés, sur lesquels ils cousent de la laine de couleur, de manière à en faire des figures géométriques. Ils reproduisent ces figures au crayon, sur des cahiers. Ils ne se servent jamais de l'ardoise. Les Fröbeliens se refusent à en faire usage, sous prétexte qu'elle alourdit la main. Les élèves des jardins d'enfants n'apprennent pas du tout à écrire ni à lire. On leur enseigne bien plutôt à connaître les saisons et leurs particularités, les noms des mois, les jours de la semaine ; à compter jusqu'à 10 ; à remarquer les métiers, à comprendre l'usage des objets, à distinguer les plantes, les fleurs communes, etc., etc.

Les exercices les plus frappants pour le spectateur sont les jeux en commun. Ils sont accompagnés de chansons, dont les enfants chantent séparément ou en chœur les couplets et les refrains. Le premier exemple de ces chansons a été donné par les « *Mutter-und Koselieder* », de Fröbel. Il systématisait ainsi une indication qui lui était fournie par la nature même, car de tout temps les enfants ont chanté en faisant des rondes. Son idée des jeux n'était pas moins philosophique. Elle consiste à mettre sous la forme d'un petit drame enfantin les différentes professions de la société, les circonstances, les situations, les exercices divers qu'amène de jour en jour le train ordinaire de la vie. C'était encore recueillir un avertissement donné par les enfants, qu'il appelait lui-même ses maîtres. On sait, en effet, avec quelle passion ceux-ci, livrés à eux-mêmes, « jouent » à reproduire les différents états et métiers des grandes personnes.

J'ai vu ainsi les jeux du meunier, du cordonnier, du chasseur, du patineur, etc. Chacun d'eux est précédé d'une sorte d'introduction faite par la maîtresse, et elle y fait participer les enfants dans la mesure de son talent et de leurs connaissances. Les enfants sont réunis en cercle. Sur un signe, quelques-uns se détachent. Les uns, en formant un petit groupe bien serré, vont figurer la cuve où le meunier jette son grain. Quatre autres, se donnant la même main et tournant en rond les uns derrière les autres (un danseur appellerait justement cette figure le moulinet), représentent les ailes du moulin. Le meunier arrive, décharge ses sacs, en jette le contenu dans la cuve. Pendant ce temps, le cercle chante la chanson du meunier, imite le bruit du vent, le tic-tac du moulin, exécute certains mouvements du corps, des bras, des jambes, destinés à assurer et à développer tous ces petits membres. L'attention ne chôme pas. Le drame joué en commun exerce toutes les facultés physiques et morales de l'enfant d'une manière synthétique, comme il convient au début d'un enseignement.

L'écueil de ces procédés, on le sent tout de suite, c'est de tomber dans le mécanisme. Le nombre de ces jeux n'est pas illimité. Le cercle étroit des connaissances de l'enfant le restreint même singulièrement. Quelque ingéniosité qu'aient pu avoir Fröbel et ses continuateurs, les directrices de jardins d'enfants sont condamnées à répéter bien souvent les mêmes exercices. On s'en aperçoit, si on ne borne pas son enquête à une visite. Bien des récits sont stéréotypés, bien des réponses prévues, bien des jeux sont des représentations qui ont eu depuis longtemps leur « centième », et ici, c'est au spectateur à le deviner. Dans ces conditions, est-on bien encore en face d'un jeu ? C'est une question et un reproche que des pédagogues allemands considérables, ennemis déclarés des méthodes de Fröbel, ne manquent pas d'adresser à ses partisans.

Il appartenait sans doute à la nation qui porte au plus haut degré le sentiment de la collectivité, l'amour de la discipline et le désir d'avoir partout une organisation à respecter, il lui appartenait de systématiser ce qu'il y a de plus libre dans son essence, de plus spontané et de plus individuel dans sa création, le jeu de l'enfant. Mais l'enfant a des côtés par où il se prête à cette tentative et la provoque même. Se plaint-on que les récits, que les jeux se répètent ? L'enfant, jusqu'à un certain point, le veut ainsi. Il joue tous les jours au cheval, au soldat, la petite fille joue à la poupée et ne s'en fatigue pas. L'histoire que vous avez racontée vingt fois, votre petit auditoire la préférera à une nouvelle ; il la sait par cœur, il est d'autant plus ardent à l'entendre encore, et si vous vous écartez le moins du monde du texte habituel, aussitôt vous y serez rappelé et vous devrez redire exactement et seulement ce qu'on attend de vous. Sans doute il y a quelque gêne à voir, dans un jardin d'enfants, tous ces petits bras, toutes ces petites jambes, ces têtes exécuter, sur un ordre, des actions fictives et s'agiter avec ensemble autour d'objets absents. Ces mouvements concertés, travaillant pour ainsi dire, à vide, sentent le dressage et appellent facilement le mot de « singeries ». Prenons-y garde pourtant. L'imagination des enfants est d'une activité merveilleuse et d'une puissance telle que ses fictions ont souvent bien plus de vie pour elle que la réalité n'en a pour nous. Tous les bébés que j'ai vus à ce régime, attestaient par leur mine qu'il n'avait rien de déprimant pour eux. Ils étaient propres, gais, réjouis, éveillés, pleins d'entrain, menaient grand bruit pendant leurs récréations et aimaient visiblement leurs institutrices.

Les jardins d'enfants ont l'avantage d'une méthode conséquente dans toutes ses parties. On s'efforce de ne rien présenter aux élèves que leur âge tendre ne puisse concevoir. Cette règle est suivie dans les récits de la Bible qu'on leur fait. De l'avis d'hommes fort religieux, la même discrétion n'est pas toujours observée dans les garderies dont la conduite est confiée au zèle de certaines congrégations protestantes. Dans ces établissements ouverts à la toute jeune enfance, peut-être plus que partout ailleurs, la valeur de la classe dépend de la valeur de la maîtresse qui y est préposée. Une bonne institutrice peut atténuer considérablement les défauts du système de Fröbel en ce qu'il a de trop factice ; elle sait varier les occupations sans perdre de vue la méthode et s'intéresser à chacun sans négliger l'ensemble. Aussi la Société Fröbel, de Berlin, a-t-elle un cours normal pour former des institutrices de jardins d'enfants (*Kindergärtnerinnen Seminar.*)

---

1. Il m'arrivera souvent de traduire l'allemand *Seminar* par séminaire. Le mot indique simplement un cours et une conférence fermés, et, plus particulièrement, ceux qui ont pour but de préparer des maîtres dans une spécialité quelconque.

Tel est le but formel du séminaire (1), dont voici l'organisation.

Le cours dure un an. L'enseignement se donne l'après-midi et comprend :

1° Pédagogie (Méthode de l'enseignement élémentaire) ;

2 Lectures pédagogiques ;

3° Etude des formes mathématiques ;

4° Sciences naturelles ;

5° Hygiène, Gymnastique :

6° Chant ;

7° Leçons d'essai ;

8₀ Occupations d'après la méthode Fröbel.

Trois fois par semaine, le matin, les élèves se rendent dans les jardins d'enfants de Berlin, y prêtent leur assistance et en reçoivent ainsi les traditions pratiques.

Les élèves doivent avoir seize ans au moins.

L'examen d'entrée comprend :

1 — Une composition allemande. L'épreuve est fournie en lieu clos ; elle est éliminatoire.

L'examen oral comprend :

a) *Allemand*. — L'aspirante doit être familiarisée avec la vie et les ouvrages principaux des classiques ; elle doit pouvoir en expliquer le contenu et réciter par cœur quelques poésies intelligiblement, correctement et clairement. Elle doit connaître les principes de la grammaire et être en état de faire couramment un récit simple dans une langue convenable.

b) *Histoire*. — Connaissance de l'histoire d'Allemagne et connaissances sur les faits principaux de l'histoire universelle.

c) *Géographie*. — Connaissance détaillée de la patrie allemande, connaissance générale du reste de l'Europe et des traits les plus importants des autres parties de la terre.

d) *Calcul*. — Connaissance solide des fractions, habileté dans la solution des règles de trois, d'intérêt, etc.

1.

e) Chant. — La gamme et quelques chants au choix.

Le cours n'est pas gratuit. Les candidates doivent verser 5 marcs pour subir l'examen et, devenues élèves, elles payent 27 marcs par an. A la fin du cours, elles reçoivent de leurs professeurs un brevet de capacité qui porte la mention *Très bien, Bien,* ou *Passable.*

Tel qu'il est, ce petit programme reproduit quelques particularités qui sont distinctives de l'éducation allemande à ses différents degrés. Les élèves doivent payer d'une somme, si modique qu'elle soit, le cours dont elles attendent les bénéfices. Le plan d'études porte en première ligne la pédagogie et constitue une préparation directe et professionnelle à l'enseignement. Il met au centre de toutes les connaissances celles qui se rapportent à la « patrie allemande ». Il n'a garde d'oublier la gymnastique ni le chant. Surtout il exige la capacité de s'exprimer dans une forme correcte et par des phrases complètes et achevées, au point de vue grammatical. Ce sont là des traits que nous retrouverons presque partout, réunis ou séparés, dans la suite de cette étude.

J'ai assisté à deux leçons de pédagogie, faites aux élèves par M. Reinecke, inspecteur primaire à Berlin. Ces leçons ont porté sur la distinction de l'âme et du corps, les rapports élémentaires du cerveau et de la pensée, et les raisons qu'on a de considérer la pensée comme indépendante, jusqu'à un certain point, de ses organes, par suite, de traiter l'esprit comme une substance en soi. Puis on a abordé successivement l'attention volontaire et involontaire : — comment naît l'attention ? — comment se soutient-elle ? — quelle espèce d'attention peut-on demander à l'enfant ? — quels rapports l'attention a-t-elle avec l'intuition ? — pourquoi celle-ci est-elle nécessaire ? — comment provoque-t-elle l'intérêt ? — et que l'intérêt des enfants s'attache surtout aux choses qui ne leur sont ni tout à fait connues, ni tout à fait inconnues, etc., etc.

La méthode est toute socratique. Le professeur interroge d'abord les élèves sur les matières de la dernière leçon, puis il aborde les matières nouvelles par le progrès naturel de ses questions mêmes, si bien que le passage d'une leçon à l'autre est presque insensible. Il s'efforce de tirer tout du fonds même de ses élèves. Cette méthode est ici d'autant plus à sa place, qu'il ne s'agit pas d'enseigner aux jeunes filles des mystères, mais simplement de leur faire voir clair dans ce qu'elles savent parfaitement en matière de psychologie usuelle. C'est seulement à la fin de la leçon que les élèves peuvent se permettre d'ouvrir leurs cahiers et que le professeur rédige, en collaboration avec elles, un court sommaire des sujets qui ont été traités.

Une autre partie du temps a été consacrée à l'histoire de la pédagogie. On a parlé de la vie et des travaux de Pestalozzi. Son livre « *Comment Gertrude élève ses enfants* » a été l'objet de récits et de quelques considérations.

L'initiative de la Société Fröbel est assurément excellente ; on ne peut que louer la hardiesse et le succès d'une entreprise privée de cette nature, rendant les plus utiles services sinon à l'Etat, du moins à la société et à ses propres pupilles. Celles-ci sortent ordinairement de l'école primaire, plus rarement d'écoles supérieures ; bon nombre d'entre elles ne se destinent pas à diriger des jardins d'enfants, mais entrent dans des familles où elles sont convenablement rétribuées et où leur titre est une garantie pour elles, aussi bien que pour les parents. La méthode enseignée par la Société Fröbel est strictement celle du maître, patron de l'œuvre.

La pédagogie de nos écoles maternelles ne saurait ignorer ces ingénieux préceptes, mais elle n'est pas tenue de s'y asservir. Quant à notre littérature nationale, elle offrira à cette pédagogie des documents d'une extrême valeur. Qui pourrait oublier, par exemple, après l'avoir lue une fois, la première partie des *Mémoires* où George Sand raconte son enfance ? C'est véritablement la psychologie du premier âge ranimée et ressuscitée dans notre souvenir. On évitera aussi avec avantage une certaine sensiblerie dont la méthode Fröbel n'est pas toujours exempte, qui est impliquée déjà dans le nom des « jardins d'enfants », et que les Allemands sont sujets à prendre pour de la sensibilité.

CHAPITRE II

ECOLE PRIMAIRE

(*Volkschule*)

Matériel obligatoire. — Types divers d'organisation scolaire. — Aspect de l'école.

Chaque école de Prusse doit posséder, à titre de matériel d'enseignement :

1º Un exemplaire par élève de chaque livre d'enseignement introduit dans l'école ;

2º Un globe ;

3º Une carte murale de la province ;

4º Une carte murale de l'Allemagne ;

5º Une carte murale de la Palestine ;

6º Quelques plans figuratifs pour la description de la terre ;

7º Des lettres d'alphabet en bois ou en carton et faciles à distinguer de loin, pour les premières leçons de lecture ;

8º Un violon ;

9º Des règles et des compas ;

10º Une machine à compter.

A quoi il s'ajoute encore, dans les écoles évangéliques :

11º Une bible ;

12° Un exemplaire du livre de cantiques en usage dans la commune.

Ce matériel doit être étendu et complété, dès que l'école a quelque importance et surtout si elle est divisée en plusieurs classes (1). Les communes sont tenues d'y pourvoir (2) ; les dépenses qui résultent de ce chef font partie des dépenses obligatoires pour l'entretien de l'école (3).

L'écolier doit posséder :

A — en fait de livres :

1° L'alphabet et le livre de lecture de l'école ;

2° Un livret pour l'enseignement du calcul ;

3° Un livret de chansons (paroles et musique) (4) ;

En outre, les livres spéciaux introduits pour l'enseignement religieux.

B — Une ardoise avec son crayon, une éponge, une règle et un compas.

C — En fait de cahiers, au moins :

1° Un cahier de brouillons ;

2° Un cahier de calligraphie ;

3° Un cahier pour l'orthographe et les exercices de style dans les divisions supérieures ;

4° Un cahier de dessin.

Dans les écoles à plusieurs classes, l'Administration exige qu'on fournisse aux élèves de petits manuels pour l'enseignement des choses ou réal (Realien (5), un livre de

---

1. Dispositions générales relatives aux écoles primaires, préparatoires et normales primaires (*Volkschul-Präparanden-und Seminarwesen*) du 15 octobre 1872. Ce document demeure la base de l'enseignement primaire en Prusse jusqu'à ce jour.

2. Circulaire du 24 fév. 1874.

3. Circulaire du 21 fév. 1873.

4. Circulaire du 22 avril 1874.

5. *Realien.* — On désigne sous ce nom les branches d'enseignement qu'on oppose à l'enseignement philologique et technique, soit la *géographie*, l'*histoire naturelle* et l'*histoire*. On restreint même l'emploi

lectures graduées en plusieurs volumes, chaque volume correspondant à un degré d'instruction, et un atlas usuel. Les élèves ont à tenir des cahiers spéciaux répondant à chacun de ces objets d'enseignement.

I. Les organisations normales de l'école primaire sont : l'école primaire à plusieurs classes, l'école à deux maîtres et l'école avec un seul maître, laquelle peut être ou l'école primaire à une classe ou l'école de demi-journée.

L'école ambulante n'est point considérée comme une organisation scolaire normale et l'administration prussienne semble avoir peu de goût pour elle (1).

II. Dans l'école primaire à classe unique, les enfants que leur âge astreint à visiter l'école reçoivent l'enseignement en même temps et dans le même local. Leur nombre ne doit pas dépasser quatre-vingts (2).

III. Quand le nombre des enfants dépasse quatre-vingts, que la salle n'est pas suffisante même pour un nombre moindre ou que les ressources ne permettent pas d'établir un second instituteur ; ou encore, quand d'autres circonstances paraissent en impliquer la nécessité, une école de demi-

---

de cette dénomination aux deux premières branche s, parce que en histoire, il ne s'agit pas de choses (*res*), mais de faits. En revanche, il arrive qu'on l'étende aux mathématiques, soit qu'on ne songe qu'à opposer aux autres l'enseignement réal, dont elles font nécessairement partie, soit qu'on les considère comme la condition indispensable de toute culture dans le domaine professionnel ou dans celui des sciences naturelles. Jadis on appelait Realien, dans l'enseignement primaire, les connaissances d'utilité commune (*Gemeinnützigen*). Voy. Sander. *Lex. d. Padag.* art. *Realien.* — Le mot réal tient une grande place dans la pédagogie allemande et sa signification se précisera de plus en plus par la suite de cette étude.

1. Lettre ministérielle du 9 juillet 1873.

2. Quand le nombre des enfants dépasse 120, il y a lieu de constituer 3 classes (Lettre minist. du 24 déc. 1872). Avec 120 à 200 élèves, l'école doit avoir au minimum 2 instituteurs ; avec 200 à 300 élèves, trois instituteurs (Lettre minist. du 5 mai 1873).

journée peut être établie avec l'assentiment du conseil de *régence* (Regierung (1), et la somme de ses heures de classe est fixée à 32.

IV. Quand l'école possède deux instituteurs (2), l'enseignement est donné dans deux classes séparées. Lorsque, dans une telle école, le nombre des enfants dépasse 120, il convient d'organiser l'école avec trois classes. La troisième classe reçoit 12 heures de leçon, la seconde classe 24 heures, la première classe 28 heures, par semaine.

V. Dans les écoles à trois et à plusieurs classes, autant qu'elles ne tombent pas sous l'application du paragraphe précédent, les enfants du cours inférieur reçoivent 32 heures de leçon, par semaine ; ceux du cours moyen, 28 heures ; ceux du cours supérieur 30 à 32 heures.

VI. Dans les écoles à plusieurs classes, il est désirable de séparer les sexes dans les classes supérieures. Là où il n'y a que deux instituteurs, il faut préférer l'organisation de deux ou de trois classes superposées à celle de deux écoles primaires à une seule classe, consacrée chacune à un sexe (3).

Pour bien comprendre ces prescriptions, dont l'élucidation a nécessité plusieurs circulaires du ministre, il faut se pénétrer du sens du mot classe. Il signifie la collectivité des enfants réunis en même temps dans une même pièce pour y recevoir l'enseignement, ces enfants fussent-ils, d'ailleurs, séparés en plusieurs divisions ou cours.

Toute école primaire, n'eût-elle qu'une classe, a, au moins, trois divisions, qui répondent aux différents âges et aux

1. Conseil de district préposé aux affaires de l'enseignement primaire.
2. Dans ce cas, il y a un instituteur principal (Instruction de la régence de Düsseldorf, du 3 janv. 1874, adoptée par le ministère).
3. Tout ceci est emprunté aux Dispositions générales du 15 oct. 1872.

différents degrés d'avancement des élèves (1). C'est le cas ordinaire des écoles de village ; et l'école de demi-journée n'est que le dédoublement ou la répétition de cette forme, la plus simple de toutes.

Voici comment les heures de leçon se répartissent entre les trois divisions dans les écoles primaires qui n'ont qu'une classe :

	inférieur	Cours moyen	supérieur
Religion	4	5	5
Allemand	11	10	8
Calcul) Géométrie)	4	4	5
Dessin		1	2
Connaissances réales		6	6
Chant	1	2	2
Gymnastique) (Travaux à la main))		2	2
	20	30	30

Mais dès que l'Administration peut séparer matériellement les trois divisions et en faire autant de classes réellement distinctes, elle tend vers ce but.

Même si l'école n'a que deux salles et deux instituteurs, on forme les trois classes (voy. parag. V). Pour cela, on divise les enfants en trois groupes et on s'arrange de manière à ce qu'il n'y ait jamais que deux de ces groupes à la fois dans l'école, un dans chacune des salles. Alors chaque groupe forme une classe (2). On aime mieux procéder

1. Disp. gén. du 15 oct. 1872.
2. Cette organisation est assez compliquée. En effet, il ne peut y avoir que deux groupes à la fois dans l'école, et quand le troisième entre, il faut que l'un des deux premiers sorte. Un groupe chasse l'autre. L'administration a été obligée de publier un plan d'études modèle pour ce cas difficile. (V. Schneider. *Volkschulwesen und Lehrer-*

à ce classement intellectuel qu'à la séparation des sexes (voy. parag. VI).

Si chacune des trois classes, formant comme un cours spécial, peut recevoir un instituteur distinct, cette organisation est considérée par l'administration comme une des

bildung in Preussen. Berlin. chez Wiegandt et Grieben. 1775 p. 15). Il résulte de ce plan que la première classe, celle des enfants les plus âgés, a 28 heures de leçon par semaine, la seconde 24 heures, la troi-

PLAN D'ÉTUDES POUR UNE ÉCOLE A TROIS CLASSE

HEURES	LUNDI	MARDI	MERCREDI
8-9	I classe.—Hist. sainte II — —	I Lecture et langue. II —	I Religion. II —
9-10	I Lecture et copie. II —	I Écriture. II —	I Dessin et théori des formes. II Dessin.
10-11	I Calcul. II —	I Calcul. II —	I Écriture libre (de- voir). III ⎰Hist. sainte 1⎸2. ⎱Lect. et écrit. 1⎸2 h
11-12	I Histoire de la patrie II —	I Geographie. II Chant.	I Chant. III Lect. et écrit.
2-3	I Physique. III ⎰Histoire sainte 1⎸2 h. ⎱Lect. et écrit. 1⎸2 h.	II Géographie (physi- que). III ⎰Hist. sainte ou ca- téch. 1⎸2 h. ⎱Lect. et écrit. 1⎸2 h.	Congé.
3-4	I Gymnastique (tra- vaux de filles). III ⎰Lect. et écrit. 1⎸2 h. ⎱Calcul 1⎸2 h.	II Gymn. (travaux de filles. III ⎰Lect. et écrit. 1⎸2 h. ⎱Calcul 1⎸2 h.	Congé.

En été, l'enseignement peut commencer à 7 heures.

deux formes typiques les plus convenables que puisse prendre l'école (1). Aussi, là où se trouvent plusieurs écoles à une seule classe, faut-il tendre à les réunir sous la forme d'une école à plusieurs classes (2).

sième 12 heures. Je reproduis ce document, parce qu'en dehors du cas singulier auquel il a trait, il peut servir d'exemple d'un tableau de travail dans une école allemande.

1. Circulaire du 29 nov. 1873.
2. Disp. gén. du 15 oct. 1872.

AVEC DEUX SALLES ET DEUX INSTITUTEURS

JEUDI	VENDREDI	SAMEDI
I Hist. sainte. II —	I Dictée (poésies, écritures d'affaires, etc.) II Dictée (orthographe).	I Géométrie. II Écriture libre (devoir).
I Lecture et copie. II Lecture et mémorisation de poésies, etc.	I Écriture. II —.	I Dessin. II Religion (évangile, chant, prière).
I Calcul. II Calcul.	I Calcul. II —	I Chant. III Lecture et écriture.
I Histoire. II Géographie.	I Géographie. II Chant.	I Religion (évangile, catéchisme). III {Lect. et écrit. 1/2 h. {Catéchisme, Chant 1/2 h.
II Hist. naturelle. III {Religion, chant, prière 1/2 h. {Lect. et écrit. 1/2 h.	I Hist. naturelle. III {Hist. sainte 1/2 h. {Lect. et écrit. 1/2 h.	Congé.
I Gymn. (trav. de filles) III {Lect. et écrit. 1/2 h. {Calcul 1/2 h.	II Gymn. (trav. de filles). III {Lect. et écrit. 1/2 h. {Calcul 1/2 h.	Congé.

Voici comment les heures de leçon se répartissent dans ce cas :

École à plusieurs classes :

	inférieur	Cours moyen	supérieur
Religion	4	4	4
Allemand	11	8	8
Calcul	4	4	4
Géométrie			2
Dessin		2	2
Connaissances réales		6	6 (8)
Chant	1	2	2
Gymnastique (Travaux à la main)	2	2	2
	22	28	30 (32)

Quand l'école a quatre classes, deux forment le cours moyen, et quand il y a six classes, chaque cours comprend deux classes (1).

Cette dernière organisation en six classes est, aux yeux de l'Administration, la meilleure de toutes et elle constitue la forme ordinaire de l'école dans les grandes villes. Les classes supérieures travaillent alors d'après le programme de l'école moyenne (Mittelschule) (2). Dans ce cas, le nombre des enfants permet ordinairement de donner à chaque sexe une école complète, et la juxtaposition des deux écoles forme ce que nous appelons le groupe scolaire, avec ses directeurs.

Ces dispositions administratives laissent soupçonner d'avance les différences d'aspect que les bâtiments scolaires

1. Disp. gén. du 15 oct. 1872.
2. Circulaire du 29 nov. 1873

présentent en Allemagne comme ailleurs, depuis le magnifique groupe scolaire de Berlin, avec ses mille élèves, jusqu'à la modeste école de campagne où deux séries de quatre-vingts enfants, et plus, viennent se presser tour à tour, dans la même journée, devant le même instituteur (1).

Les groupes scolaires de Berlin sont généralement bâtis en briques, comme bon nombre des édifices de ce pays, où la pierre est rare, et ils ont ordinairement jusqu'à trois étages. Les architectes savent tirer un bon parti décoratif des matériaux dont ils disposent. A l'intérieur, les escaliers sont en pierre, ce qui est important en cas d'incendie. Dans la salle de classe, les règlements administratifs prescrivent d'attribuer à chaque enfant une surface de 0,60 centimètres carrés au moins (2). Il est permis de penser que, dans bien des écoles de village, cette prescription demeure un vœu pieux. Le mobilier est simple. Les bancs sont appropriés à la taille des enfants et comportent plusieurs places ; ils ne laissent de passage libre qu'au milieu de la classe et le long des murs. L'éclairage est aménagé de manière à venir de la gauche de l'écolier. Les murs sont nus. Aucun ornement, pas même d'emblème religieux ; rarement de carte à demeure fixe ; un simple tableau noir. On ne veut pas que l'attention de l'élève soit distraite par aucun objet étranger à la leçon. Pendant cette leçon même, la carte, l'image, l'objet dont le maître prend texte, est spécialement exposé aux regards des enfants ; il est immédiatement soustrait à leur vue, dès la leçon finie.

1. Voy. un plan de bâtiment scolaire modèle dans Kahle — Grundzüge der evangelischen Volkschulerziehung, Breslau, 1882, 1re partie, p. 286.

2. Disp. gén. du 15 oct. 1872 et ordonnance de la régence de Potsdam du 9 déc. 1872.

CHAPITRE III

ECOLE PRIMAIRE (*suite*)

La religion. — L'écriture et la lecture. — L'enseignement intuitif ou
par l'aspect et l'enseignement de la langue et de la grammaire. —
L'histoire et la culture du patriotisme. — La géographie : doctrine
officielle sur les frontières naturelles de la France; les atlas.

Les enfants en Prusse doivent fréquenter l'école de six à
douze ou quatorze ans, à moins que leurs parents ne prou-
vent qu'ils les font instruire chez eux. L'enseignement primaire est gratuit, d'après la constitution du 31 janvier 1850.
Toutefois cette disposition n'est jamais entrée en vigueur,
faute d'une loi qui en déterminât l'application. Beaucoup
de communes exigent une modique rétribution scolaire (1);
mais la commission des écoles accorde très libéralement la
gratuité aux familles nécessiteuses.

La première des difficultés que rencontre l'école publique,
c'est la différence de religion de ses élèves. L'enseignement,
en effet, n'est pas laïque, en ce sens que le premier article
de son programme est justement la religion. Le plupart du
temps, l'école est même confessionnelle. Quand chaque
confession peut avoir son école, la difficulté s'évanouit.
Cependant le droit prussien prescrit que l'entrée d'aucune

1. C'est aussi le cas dans le reste de l'Allemagne. Voy. Sander, *Lexicon der Padag*. art. *Schule*.

école publique **ne peut** être refusée à un enfant à cause de sa confession religieuse (1) ; et ailleurs (partie 2, titre 12, § 11), il ordonne que les enfants ne peuvent être contraints, malgré le désir de leurs parents, d'assister à l'enseignement religieux spécial que donne une école (2). La conséquence naturelle de ces lois, c'est l'organisation d'une école commune où les enfants reçoivent séparément l'instruction religieuse de leur confession respective, à des heures désignées pour cela. C'est cette école qu'on appelle *simultan Schule*, ou officiellement *paritatische Schule*, expression qui ne se laisse que fort mal traduire par École égalitaire, car il ne s'agit que de l'égalité où y sont placées, vis-à-vis les unes des autres, les différentes confessions religieuses, évangélique, catholique et juive. L'école *paritétique* (je hasarde cette traduction barbare) a fait quelques progrès sous le ministère de M. Falk, mais elle a été attaquée avec une égale passion par tous les partis religieux ; sortant presque de rien, elle n'a pas conquis une place bien étendue ; elle lutte malaisément pour l'existence, bien qu'elle garde, si je ne me trompe, les secrètes préférences des pédagogues libéraux et puisse espérer, à cause de cela, de retrouver son jour. Dans l'immense majorité des cas, l'école est confessionnelle ; mais là même, il arrive que l'enseignement religieux est donné de telle façon que les enfants de la confession qui est en minorité, peuvent y assister ; c'est une solution délicate, et non très rare ; elle se laisse moins appliquer au dogme qu'à la partie historique de l'enseignement. Qu'on le remarque d'ailleurs, il ne peut jamais être question, comme chez nous, d'absence d'enseignement religieux à l'école ; il fait partie du programme obligatoire. Toute la

---

1. Voy. Sander, *Lexic. der Padag. art. Paritatische Schule.*
2. *Ibid.*, art. *Religionsunterricht.*

question est de savoir comment il sera donné ; mais il doit toujours être donné (1).

Il m'a semblé que la leçon commence et se termine souvent par une prière, mais que l'usage n'en est pas constant. Les dispositions générales du 15 octobre 1872 assignent pour but à l'enseignement religieux de l'école évangélique d'ouvrir à l'élève l'intelligence des livres saints, de le mettre en état de les lire lui-même et de prendre une part active à la vie religieuse et au service divin de la paroisse. L'enseignement religieux a pour chapitres spéciaux :

L'histoire sainte ;

La lecture de la Bible ;

Les péricopes ;

Le catéchisme ;

Les cantiques ;

Les prières.

L'instituteur enseigne l'histoire sainte et la Bible par des méthodes qui n'ont rien de spécial. Il raconte les épisodes qu'il veut porter à la connaissance de ses élèves. Ce récit est fait avec lenteur et une extrême précision ; il est présenté par fragments, de manière à ne pas trop demander d'un seul coup à la mémoire des auditeurs. Les élèves interrogés doivent répondre en reproduisant presque mot à mot les paroles qu'ils viennent d'entendre. Les péricopes sont les passages des épîtres ou évangiles qui doivent être lus, le dimanche suivant, à l'église. L'instituteur doit les lire

1. L'école paritaire est également répandue dans les autres Etats de l'Allemagne, sans que le souci de l'enseignement religieux y soit moindre. Ainsi, en Saxe, « les enfants des dissidents qui n'appartiennent à aucune communauté religieuse, doivent prendre part à l'enseignement religieux d'une confession reconnue et légale. » Les parents n'ont que le droit de choisir une confession pour leurs enfants, non de les répudier toutes. (Loi scolaire du royaume de Saxe, du 23 avril 1873. Instruction, § 14, alinéa 4.)

d'avance aux enfants et les leur expliquer, mais il ne les fait pas apprendre par cœur. Cette restriction abolit la disposition contraire des célèbres règlements du ministre von Raumer, règlements publiés en 1854, sous l'empire de la réaction religieuse. Dans l'enseignement du catéchisme, il est également recommandé de ne pas surcharger la mémoire. Même prescription en ce qui concerne les cantiques, dont il ne doit pas être appris plus de 20 ; même prescription de mesure par rapport aux prières de l'Eglise et aux textes liturgiques, que les enfants n'ont pas à apprendre par cœur. La répétition de cet avertissement nous annonce que nous touchons à l'une des questions les plus chaudement controversées de l'instruction primaire. L'enseignement religieux eût volontiers gardé la part que lui avait faite M. de Raumer, et M. Falk a dû insister vivement en sens contraire dans un programme qui met, d'ailleurs, la religion en première ligne. Je crois pouvoir affirmer que la pratique est sur ce point assez différente dans les villes et à la campagne. Les écoles des villes, avec leurs inspecteurs spéciaux, sont animées d'un esprit plus laïque. A la campagne, le pasteur ou le curé du village est resté en fait jusqu'à ce jour l'inspecteur de l'école (1) et l'on ne peut attendre de lui, ni que son oreille soit bien blessée par les sons du vingt et unième cantique, ni qu'il surveille d'un œil fort sévère les entreprises des péricopes sur la mémoire des élèves.

Le choix de la méthode pour l'enseignement de l'écriture et de la lecture est laissé à l'école normale primaire de chaque district ; une seule méthode est expressément défendue, celle d'épellation. Dans l'école de village, où la classe

1. Ortschul inspector. Voy. cet article dans Sander, *Lex. der Padagogik.*

a plusieurs divisions, le maître appelle les plus grands au tableau noir et il leur fait écrire les mots que doivent lire et imiter les plus petits. Ceux-ci les crayonnent sur leur ardoise. J'ai dit que les Fröbeliens ne voulaient pas se servir de l'ardoise et lui reprochaient d'alourdir la main des enfants. J'aurais une autre objection à lui faire. Pour effacer ce qu'ils ont écrit, les enfants crachent sur l'ardoise et en barbouillent ensuite toute la surface avec leur petite éponge. Le pis est que maintes fois ils portent directement à leur bouche cette éponge constamment imbibée de salive et chargée d'impuretés. Il est étonnant qu'une pareille pratique ne soit pas dangereuse ; l'habitude de cracher, et surtout de cracher sur un objet sous prétexte de le nettoyer, celle de porter à sa bouche un objet avec lequel on en essuie un autre, constituent, dans tous les cas, de déplorables infractions à la propreté. Pour remplacer l'ardoise, j'ai vu, dans les expositions de matériel scolaire, des tablettes composées avec cette sorte de substance blanche dont on fait, chez nous, des presse-papiers mémentos (Kunststein, weisse Steinschreibtafel). On peut y écrire au crayon. Mais pour bien effacer, un peu d'humidité est toujours nécessaire ; et comment empêcher que l'enfant, ici encore, n'ait recours à la salive ? La crainte de ces inconvénients me paraît plus fondée que celle de voir la main des enfants contracter et garder trop de lourdeur. Les divisions supérieures de l'école fournissent en effet, des cahiers d'une écriture aussi belle, aussi convenable, aussi légère qu'on peut le demander. La tâche d'apprendre à lire et à écrire est allongée pour les petits Allemands par ce fait, qu'après s'être rendus maîtres des lettres gothiques, il leur faut passer aux lettres latines. Celles-ci gagnent du terrain en Allemagne, mais celles-là ont encore le premier rang et elles font une résistance dont on a toutes les raisons du monde de s'étonner.

Dès ce premier degré d'enseignement, le maître a souvent employé l'image pour intéresser ses élèves à un mot dont il voulait leur faire connaître et écrire les lettres. Il leur a mis également dans les mains un abécédaire. Désormais, ces deux aides de l'intelligence, l'image et le livre, vont accompagner l'enfant de degré en degré et se prêter jusqu'à la fin un mutuel appui. D'une part, il est de principe que l'enseignement doit être intuitif; d'autre part, il est prescrit que le livre de lecture est à la base de tout l'enseignement « en allemand » (1); et, en fait, chacun des enseignements du programme s'appuie sur quelque manuel bien fait.

La méthode intuitive est bien connue et sa cause n'est plus à plaider. Les Allemands donnent à cette expression un sens large. Ils distinguent l'intuition immédiate et médiate. L'observation d'une image ou d'une carte, bien qu'elle passe pour une intuition immédiate, demande déjà à n'être pas confondue avec la contemplation de la chose même et en provoque seulement une idée représentative. Mais le récit, à la rigueur, en fait autant, et bien qu'il ne s'adresse pas aux yeux, ne disons-nous pas qu'il décrit, qu'il dépeint les choses ou les événements, qu'il en est une peinture? Il peut donc à bon droit passer pour un objet d'intuition et pour un moyen d'intuition médiate. Son véritable domaine est l'histoire ; mais il intervient encore à chaque instant dans le reste de ce domaine que les Allemands appellent réal: géographie, histoire naturelle, physique; matières où il n'est pas toujours facile de se mettre en rapports directs avec l'objet, ni même avec l'image.

Le procédé d'intuition le plus ordinaire est l'image. Je ne parle pas de celles qui sont dans les livres, mais de celles

1. Disp. gén. du 15 oct. 1872.

qui peuvent se déployer devant tous les enfants à la fois et
qui servent de texte à une leçon générale. Elles sont toujours coloriées. On en distingue deux sortes: celles qui
représentent un seul objet : un cheval, un âne, un lion, une
girafe, un nid, une maison, etc., et celles qui représentent
une scène familière : le cheval est attelé ; l'âne porte les
sacs au moulin ; le nid est découvert par un petit garçon et
on peut se demander quelle sera la suite de ce drame
enfantin ; un soldat rentre à la maison et est accueilli par
toute sa famille ; ou bien nous sommes en face d'un paysage
d'hiver, les grandes personnes patinent, les enfants cons-
truisent un homme de neige, etc., etc. Celles de la seconde
espèce viennent de Suisse, ou du moins la pédagogie de ce
pays les a plus spécialement adoptées et propagées.

Les enfants aiment les images et ils veulent qu'on leur
raconte une histoire à propos de l'image qu'on leur montre.
Voilà par où se justifie pleinement ce procédé pédagogique.
Toutefois il perdrait tout mérite et présenterait de graves
inconvénients, s'il amenait avec lui l'ambition de familiariser les petits enfants avec le menu détail de toutes choses,
avec les termes techniques et extraordinaires, avec des
objets situés absolument en dehors de la sphère des connaissances, du langage et de la conversation du peuple. Sans
doute, lorsqu'il faut en venir à aborder de tels objets, en
physique ou en histoire naturelle par exemple, l'image vient
utilement au secours du maître. Mais elle n'est alors qu'une
auxiliaire et ne passe sous les yeux de la classe que pendant
le temps nécessaire pour illustrer le texte de la leçon. Ici
au contraire, nous parlons de l'image qui doit être le texte
même de la leçon, qui doit par suite rester assez longtemps
sous les yeux des élèves et qui est destinée à être observée
par eux en détail. Une telle image ne peut représenter qu'un
objet ou une scène connue. On ne peut analyser que les

choses dont on a déjà une idée générale. De là, il résulte que ce procédé n'est convenable qu'avec les petits enfants, car il n'y aurait guère de profit à tenir longtemps les plus grands devant l'image d'un cheval, à moins d'en prendre occasion pour faire un cours qui déborderait singulièrement le cadre de la petite toile exposée. Et si les petits enfants seuls doivent être traités par cette méthode, elle doit se tracer des bornes modestes. Elle doit se proposer bien plutôt d'affermir les connaissances empiriques de l'élève que de les étendre prématurément; elle doit préciser l'observation plutôt qu'en élargir le champ, elle doit concentrer les efforts de l'attention plutôt que de les disperser. En un mot, elle doit donner à l'enfant, non pas l'occasion d'apprendre ce qu'il ne sait pas, mais bien de se répéter à lui-même ce qu'il sait déjà et d'en acquérir par là une connaissance distincte, exacte, correcte.

Nous aboutissons ainsi à cette conclusion, qu'on n'aurait pas attendue d'abord, et qui est celle des pédagogues allemands les plus sages: c'est que l'intuition de l'image doit se tourner en exercice de langage pour les petits enfants et rentre dans les procédés d'enseignement de l'allemand. Le maître déploie devant la classe l'image d'un cheval ; il en nomme et il en décrit les différentes parties : la tête, les oreilles, le toupet, les yeux, les salières, le chanfrein, les naseaux, la bouche, les dents, le cou, la crinière, le garrot, le dos, les flancs, la croupe, la queue, les jambes, les paturons, les sabots, etc., etc. Il rappelle les différents usages du cheval, il en énumère les services et dit les soins qu'on lui donne. Il s'exprime toujours dans un langage parfaitement simple et parfaitement clair. Il interroge ensuite ses petits élèves et les questions sont posées de telle façon que, la plupart du temps, l'enfant n'a qu'à reprendre la phrase du maître sous une forme directe pour en faire sa réponse. Les

simples « oui » et « non » sont considérés comme insuffisants et ne sont pas acceptés comme monnaie ayant cours ;
toute phrase incomplète, incorrecte, boiteuse est traitée impitoyablement et remise sur ses pieds. Cet exercice n'est
inutile dans aucune langue, le peuple et les enfants ayant
partout des expressions vicieuses et des défauts de prononciation ; il est fort utile dans une langue aussi compliquée que l'allemand, souvent si mal fixée, si riche en
mots et si chargée de grammaire. Le peuple de Berlin ne
distingue pas du tout le datif de l'accusatif ; il faut faire
sentir aux enfants cette différence de cas qui entraîne des
différences de formes. J'ai remarqué partout que les petits
Allemands pèchent à chaque instant contre les déclinaisons
et les genres, et font des fautes sensibles même à un étranger. C'est seulement lorsqu'ils ont appris à parler plus correctement et à distinguer par la voix les principales parties
du discours, qu'on aborde par de petits exercices oraux les
éléments de la grammaire. On leur enseigne à reconnaître
le sujet, le verbe, le régime, l'attribut, etc., en traitant une
phrase, celle-ci par exemple : « le père est bon et aime son
fils », par les questions : qui est-ce qui est bon ? qu'est-ce
que fait le père ? qui aime-t-il ? etc., etc., et c'est en partant
de ces débuts modestes, empiriques, mais pratiques, oraux,
intuitifs, qu'on procède méthodiquement à l'enseignement
complet de la grammaire.

J'ai vu encore, dans les expositions de matériel d'enseignement, de grandes gravures non coloriées, des séries de
dessins passables, au trait, représentant les épisodes dont
le maître est appelé, un jour ou l'autre, à entretenir ses
élèves (1) ; mais je ne les ai pas rencontrées dans les écoles.

1. Ils étaient publiés chez Meinhold, à Dresde, et exposés, en 1883,
dans la *Lehrmittelausstellung* de cette même ville.

Pour la leçon dont je viens de parler plus haut, l'image coloriée est seule convenable. Ces dessins se prètaient plutôt par leur nombre à accompagner un enseignement historique. Ils avaient pour but de retracer les principaux événements de l'histoire sainte et de l'histoire d'Allemagne. Ils constituent ainsi une sorte d'illustration sans texte à l'enseignement du maître, une sorte de gravure de livre agrandie dans un ouvrage où la parole du maître joue le rôle de livre.

L'enseignement de l'histoire est considéré comme appartenant tout entier au domaine réel et relevant de la méthode d'intuition médiate. C'est dire qu'à l'école, plus que partout ailleurs, les hautes considérations politiques, économiques, diplomatiques seraient hors de propos ; la philosophie de l'histoire n'a rien à faire ici. On n'a pas même l'ambition, dans l'instruction primaire, de présenter aux enfants un récit suivi des événements historiques. On n'y dépasse guère la biographie. « On donne quelques biographies détachées de l'histoire ancienne du Brandebourg (1) » ; et quelles sont celles que l'on choisit ? Essaye-t-on d'apprendre à l'enfant la vie de quelques princes inconnus et d'étendre ainsi son savoir ? Tout au contraire, on choisit les souvenirs qui sont véritablement vivants dans le peuple, comme Charlemagne, Barberousse, Luther (2). « A partir de la guerre de Trente ans et du gouvernement des grands électeurs, la série des biographies doit être ininterrompue », et de nouveau on insiste sur les personnages les plus connus, le vieux Fritz (le grand Frédéric), la reine Louise, Blücher (3). « On y rat-

1. Disp. gén. du 15 oct. 1872.
2. Kahle-Grundzüge der evangelischen Volkschulerziehung. Deuxième partie, p. 131. « Les anecdotes et les légendes sont ici parfaitement à leur place. »
3. Disp. gén. du 15 oct. 1872

tache, autant que l'intelligence de l'enfant en est susceptible, des tableaux historiques de la civilisation. »

« Les dictées, l'apprentissage mécanique des dates, des généalogies de souverains, etc., » sont défendus (1). Les uns veulent qu'on donne aux enfants des livres d'histoire, les autres seulement de brefs manuels, qui ne leur servent que de mémentos ou de fils conducteurs (Leitfäden) (2). Mais « le point essentiel de l'enseignement, c'est l'exposition orale du maître (3) ». Tout au plus, peut-il se permettre de faire écrire par ses élèves, pendant qu'il parle, les dates et les noms (4).

Le maître ou le directeur de l'école dispose généralement le programme historique en cercles concentriques, afin de pouvoir tantôt aller du plus proche au plus éloigné, tantôt suivre l'ordre chronologique (5). L'instituteur raconte avec la précision lente et forte qui lui est habituelle et s'efforce de diviser sa matière, autant que possible, en tableaux courts et frappants. C'est le récit d'une bataille sous une forme presque anecdotique, ou un trait de la vie d'un prince, ou l'exposition succincte des résultats matériels, territoriaux, d'un traité. Après quoi, les élèves interrogés sur le même thème, répondent par les phrases mêmes qu'ils viennent d'entendre ; et si c'est dans une école à plusieurs divisions, les plus grands répondent d'abord, les plus petits ensuite. La leçon a vraiment alors des chances d'être bien sue.

On sait quel admirable parti l'Allemagne a su tirer de l'histoire, au point de vue de l'enseignement national et patriotique. Jahn, le « père de la gymnastique » en Allema-

1. Disp. gén. du 15 oct. 1872.
2. Kahle, ouv. cité, 2ᵉ partie p. 132.
3. Schneider, *Volkschulwesen und Lehrerbildung*, Berlin, 1875, p. 67.
4. Kahle, ouv. cité, *ibid.*
5. Disp. gén. et Kahle, *ibid.*, p. 131 et 132.

gne, et qui avait préparé les revanches d'Iéna dès le lendemain de la défaite, pouvait dire, après « la guerre de la délivrance (Befreiungkrieg) (1) » : — Le 31 mars (entrée des alliés
à Paris), le 18 juin (bataille de Waterloo, appelée, en Prusse
bataille de la Belle-Alliance), et le 18 octobre (bataille de
Leipzig) sont devenus les grands jours de la gymnastique. »
En 1842, Ferdinand Stiehl, éminent pédagogue prussien, pu-
bliait à Coblentz, sous ce titre : « *L'enseignement national de
l'histoire dans nos écoles primaires* » les pensées suivantes : « Le but principal de l'histoire est de fonder et de
« vivifier le sentiment national, l'amour de la patrie, le pa-
« triotisme... C'est vous, maîtres d'école, dont la mission est
« de donner des principes et une forme aux sentiments et à
« la vie de la génération qui, après nous, va être le peuple.
« Cette génération doit-elle grandir, malgré les avertisse-
« ments et le mouvement de notre époque, séchée et fati-
« guée, esclave de ces faux dieux, l'égoïsme, l'indifférence,
« la bassesse ; ou bien doit-elle devenir libre, vivifiée et
« enthousiasmée dans la conscience d'avoir un Dieu, un roi,
« une patrie ? Chaque pulsation de notre peuple, de notre
« temps, vous répond et vous dit ce qui est votre devoir, ce
« qui est nécessaire.

« J'entends par histoire nationale, dans l'école primaire,
« ce qui est vraiment national ; ainsi, pour nous autres, Rhé-
« nans, non pas seulement l'histoire du Brandebourg, mais
« celle du Rhin, de l'Allemagne et de la Prusse-Brandebourg.
« En outre, je n'entends pas par enseignement de l'histoire
« nationale une nomenclature, une exposition nue et sèche
« des noms des princes, des guerres, des conquêtes, etc. ;
« je veux qu'on nous replace dans le véritable milieu his-

---

1. C'est le nom universellement adopté en Allemagne pour désigner
les campagnes des alliés qui aboutirent à la chute de Napoléon Ier.

« torique du peuple, en nous faisant part *des faits d'une*
« *époque, des documents nationaux les plus importants et des*
« *chants nationaux les plus émouvants.*

« Voulons-nous éveiller, par l'enseignement de l'histoire
« nationale, un amour conscient de la patrie et lui assurer
« une influence sur les sentiments, sur la vie nationale de
« la génération future, alors il faut bannir de l'école primaire
« l'enseignement qui s'en va systématiquement devant lui,
« paragraphe par paragraphe.....

« D'abord, il nous faut grouper une grande partie des
« matières de l'histoire nationale d'après un *calendrier pa-*
« *triotique.* Le 18 janvier (1), le 31 mars (2), le 31 mai (3), le
« 7, le 18 juin (4), le 15, le 18 octobre (5) ne sont-ils pas des
« jours qui font époque et autour desquels notre histoire
« nationale vient se grouper en masses imposantes ? Voilà
« les données sur lesquelles notre enseignement doit se ré-
« gler. Les événements les plus grandioses, les plus impor-
« tants, particulièrement les événements qui doivent agir
« sur le cœur et la volonté de l'enfant, doivent être racontés
« tous les ans à certaines époques, comme un *Evangile*
« *national.* » En 1854, Stiehl collaborait à la réforme officielle
de l'enseignement primaire, et les nouveaux règlements dé-
signaient à l'école, comme jours de commémoration, le
18 janvier, le 18 février, les 18 et 25 juin, le 3 août, les 15,
18 et 31 octobre et le 10 novembre (6).

1. Elévation de la Prusse au rang de royaume.
2. Entrée des alliés à Paris.
3. Avènement du grand Frédéric.
4 Avènement de Frédéric-Guillaume IV, alors régnant. — Batailles
de Kollin et de la Belle-Alliance.
5. Naissance de Frédéric Guillaume IV. — Bataille de Leipzig.
6. Ces dates contiennent celles de la naissance et de la mort de Luther,
de la confession d'Augsbourg, de la naissance de Frédéric-Guillaume III,
de la bataille de Kulm, etc. V. Kahle. *Grundzüge*, 2ᵉ partie, p. 128-129.

L'usage de ces jours de commémoration n'a pas jeté de racines profondes. Il eût sans doute trop dérangé la marche ordinaire des cours. Il y a cependant des manuels d'histoire qui en indiquent encore un certain nombre (1) et qui en proposent de nouveaux : les anniversaires de la naissance du grand Frédéric, de l'appel de Frédéric-Guillaume III « à mon peuple », en 1813 et de la formation de la landwehr, de la naissance de l'empereur Guillaume, des batailles de Königgrätz (Sadowa), Gravelotte, Sedan, Leuthen, de la proclamation des 95 thèses de Luther, etc., etc... L'anniversaire de Sedan est devenu le jour de la véritable fête nationale et a effacé les autres commémorations. Ce jour-là est célébré dans toute la Prusse, non pas par des leçons particulières dans la classe, mais par des cérémonies, des discours, des exercices gymnastiques, des chants, des congés dans tous les établissements d'instruction publique (2). En somme, l'enseignement historique est animé dans toutes ses parties du même esprit patriotique. Il ne faut pas s'étonner si un peuple, dont la mémoire est si longue, est encore tout entier à l'orgueil de nous avoir vaincus récemment, et si les livres d'histoire composés depuis la guerre, aboutissant à la restauration de l'empire d'Allemagne, laissent échapper les cris d'une joie qui a dépassé l'espoir même. Le livre de lecture vient en aide à l'enseignement historique proprement dit et raconte à l'enfant les gloires de son pays et de ses princes. C'est lui surtout qui s'est chargé de réaliser la partie la mieux conçue des procédés préconisés par Stiehl et qui met à la portée de l'enfant « les chants nationaux les plus émouvants ». Il y a les meilleurs et les pires, et il serait

1. Voy. Stahlberg, *Leitfaden für den Unterricht in der Geschichte*, Altenburg, 1882, p. 180.

2. Voy. par ex. K. Schultze, *Nachrichten über das Königliche Seminar für Stadtschullehrer*, in Berlin, 1881, p. 185.

puéril de demander à un maître d'école du Brandebourg
une discrétion toujours parfaite dans son choix (1).

L'enseignement de la géographie commence par la description du pays où se trouve l'école (Heimathskunde) (2).
J'ai vu de fort bons exemples de cette méthode rationnelle
à Leipzig et et à Berlin. Le plan de la ville est déployé devant les enfants et il est étudié fort en détail. Les grandes
directions qui peuvent servir à l'orientation générale, les
rues, les boulevards, en un mot les artères les plus connues
de la ville et la position relative de l'école, le cours du fleuve,
s'il y en a un, sont désignés d'abord et le tout est montré au
fur et à mesure sur la carte. Les différents quartiers, distingués par des teintes spéciales, sont successivement énu-

1. Je donne la pièce suivante comme un type de ces poésies, dont
j'aurai à reparler par la suite ; elle est des « meilleures » :
I. Le vieux Barberousse, l'empereur Frédéric, il se tient enchanté
dans le château |souterrain. II. Il n'est jamais mort, il vit encore là
dedans, il s'est caché dans le château et s'est retiré pour dormir.
III. Il a emporté avec lui la splendeur de l'empire et il reviendra un
jour avec elle, à son heure. IV. La chaise est d'ivoire, sur laquelle
l'empereur est assis ; la table est de marbre, où il appuie sa tête.
V. Sa barbe n'est pas de lin, elle est de braise, elle a poussé au travers de la table où son menton repose. VI. Il remue la tête comme en
rêve, son œil à demi fermé cligne, et, après une longue pause, il fait
signe à un page.
VII. Il parle en dormant au page : « Sors devant le château, ô nain,
« et vois si les corbeaux volent toujours autour de la montagne ! VIII. Et
« si les vieux corbeaux continuent encore de voler, il faut que je con-
« tinue aussi de dormir, enchanté cent ans. »
Rückert composa en 1817 cette poésie, connue par cœur en Allemagne du dernier petit paysan. Depuis 1870, on y a ajouté cet épilo-
gue :
IX. Il a dormi ainsi longtemps, 680 ans ; alors les corbeaux se sont
envolés et la clarté a environné la montagne. X. Le vieux est allé se
reposer, devant l'éclat impérial de Guillaume ; à la place des corbeaux
sur la branche l'aigle monte maintenant — la garde.
Ce dernier mot ajouté à la mélodie, avec un point d'orgue. (*Allge-
meines deutches Commersbuch*, 25e édition. Lahr. 1883.
2. Disp. gén. du 15 octobre 1872.

mérés, depuis les plus anciens jusqu'aux plus nouveaux ; on rappelle les princes qui les ont fondés, les principaux architectes qui les ont bâtis ou embellis d'édifices, les circonstances qui leur ont fait donner leur nom, et l'on assiste ainsi au progrès qui, déjà actif dans l'ancien noyau de la vieille cité, a provoqué sa croissance, l'a jetée souvent par-dessus les murs d'une enceinte fortifiée et qui, tout au travers de l'histoire et de ses vicissitudes, l'a épanouie sous la forme de la ville moderne où on la voit de notre temps. Les noms des rues, les ponts, les monuments publics servent à reconstituer, chemin faisant, une longue chronique locale et animent vraiment aux yeux de l'enfant « les êtres » de cette grande demeure commune dont il est un des habitants.

S'il s'agit d'une province, de la Silésie par exemple, on raconte ou on redit les événements qui ont amené sa réunion à la Prusse. Puis le maître en indique exactement les frontières. Les élèves reproduisent immédiatement cet énoncé. L'instituteur et la classe étudient ensuite de la même manière le cours du fleuve central, puis de ses affluents, puis les produits du sol dont la diversité est liée à celle des contrées mêmes de la province, enfin intervient la division politique du pays.

Il m'est arrivé d'être frappé par l'oubli que le maître semblait faire des démarcations politiques des contrées qu'il décrivait, quand ces contrées étaient divisées entre plusieurs États voisins. Par exemple, dans l'étude du bassin du Rhin, je m'attendais à entendre indiquer, au cours de la leçon, quelles régions de ce bassin appartenaient respectivement à la Suisse, à l'Allemagne, à la France, aux Pays-Bas ; à entendre indiquer tout au moins, par un simple mot, comme je l'ai vu pratiquer chez nous, le moment où les cours d'eau quittent un territoire pour pénétrer dans un autre. Mais le maître n'en faisait rien. On peut se demander s'il y a là

simplement une méthode pédagogique distinguant rigou-
reusement la géographie physique de la politique, ou si
cette méthode n'a pas pour but latent de mettre l'esprit de
l'enfant dans un état favorable à des revendications conqué-
rantes, de lui présenter la contrée dont l'Allemagne possède
une partie comme un tout inséparable et de le préparer à
accueillir un jour comme un acte de justice une entreprise
sur le reste. Si la première de ces interprétations est possible, la seconde, malheureusement, n'est pas douteuse.

Dans le manuel de géographie de Daniel, qui est recommandé pour les écoles normales primaires par une circulaire ministérielle du 10 avril 1873, dont la 61e édition a paru
en 1882 (1) et qui occupe par conséquent dans l'enseignement de la géographie une place presque unique, la conception de l'Europe centrale est présentée comme étant à peu
près équivalente à celle de l'Allemagne (2). Cette entité
géographique embrasse tous les pays situés au nord des
Alpes et des Carpathes, depuis le lac de Genève jusqu'à la
source de la Vistule, quelque population qui les habite. Nous

1. *Lehrbuch der Geographie für höhere Unterrichtsnstalten*, von
Prof. Dr H. A. Daniel, 61 *Auflage herausgegeben*, von Dr A. Kirch-
hoff, etc., Halle, a. S. 1882. — *Leitfaden für den Unterricht in der
Geographie von Daniel*, etc., 141e édition en 1882.

2. « Le centre de l'Europe compte sur ses 15.300 milles carrés
72.600.000 habitants. Comme ceux-ci sont presque tous Allemands et
qu'il y a seulement des Slaves dans les districts frontières de l'Est,
des Romans dans ceux du Sud et de l'Ouest, l'Europe centrale a reçu
le nom d'Allemagne. Cependant, depuis 1871, on a l'habitude de restreindre ce nom à la partie principale du tout, l'empire d'Allemagne. »
(61e édit., p. 305.) Jadis, il n'était fait aucune réserve, et tous les Etats
que ce concept enveloppe : Suisse, Autriche, Bohême, Moravie, Po-
logne, Danemark, Hollande, Belgique, Luxembourg, étaient appelés :
pays de l'Allemagne extérieure. »
Aujourd'hui on les nomme : petits Etats de l'Europe centrale
(61e édit., p. 416), après avoir eu soin de définir celle-ci comme on
vient de le voir. La doctrine n a pas changé. En ce qui concerne la
France, voy. ci-après.

laissons aux autres nations qu'englobe ce rêve gigantesque le soin de s'en applaudir ou de protester et nous ne voulons nous occuper que de la France.

« Les frontières naturelles de ce pays du côté de l'Europe
« centrale, depuis le lac de Genève jusque dans les environs
« de Bâle, ou depuis la trouée du Rhône jusqu'à la trouée
« du Rhin, sont formées évidemment, dit Daniel (1), sur une
« longueur de quarante milles, par le Jura proprement dit
« ou Suisse, haute muraille ininterrompue de montagnes
« entre le Rhône et le Rhin, destinée à servir non seulement
« de ligne de partage des eaux, mais aussi de frontière entre
« les peuples et les États... De la pointe nord-est du Jura
« jusqu'à la pointe sud des Vosges, ou ballon d'Alsace, la
« ligne de partage des eaux entre le Rhin et le Rhône forme
« la frontière. Elle se compose de hauteurs insignifiantes...
« A partir de ce ballon, les monts Faucilles, d'où la Saône
« découle, s'infléchissent en forme de faux jusqu'au plateau
« de Langres, où la Meuse prend naissance. A partir de ce
« plateau, le fleuve est accompagné sur sa rive gauche par
« la chaîne peu élevée des Argonnes, qui, dès lors, forme la
« frontière naturelle du nord-est de la France. Là où la Meuse
« commence à tourner vers le nord-est, cette chaîne quitte le
« fleuve et continue de courir, sous forme de collines toujours
« plus basses qui ne portent plus le même nom, jusqu'au Pas-
« de-Calais. Dans cette région, elle sépare le bassin de l'Escaut
« de celui de la Seine et des fleuves côtiers de la Manche. »
Et Daniel ajoute :

« Comparez maintenant exactement, d'après la carte,
« cette ligne frontière naturelle avec les frontières politiques.
« Où celles-ci demeurent-elles en arrière des naturelles ? où
« les dépassent-elles ? »

1. *Lehrbuch*, 61e édit., p. 241-2.

La réponse est simple : elles ne restent en arrière nulle part, la France dépasse ses frontières naturelles partout. Je laisse à penser l'effet moral d'une telle leçon.

Les Allemands se plaignent amèrement d'une expression qui a été employée chez nous, d'ailleurs sans suite et sans méthode : « la frontière du Rhin ». Ne sentent-ils pas qu'en enseignant dans leurs écoles publiques les frontières de l'Argonne et de l'Artois, ils se rendent systématiquement coupables du crime qu'ils reprochent à notre légèreté ? Ils rappellent encore aujourd'hui avec indignation, dans toutes leurs histoires, que Napoléon Ier annexa la Hollande, sous prétexte qu'elle était « une alluvion des fleuves français ». Serait-il plus équitable de nous arracher le pays de Jeanne Darc, le pays de Turenne, toute la Flandre française, toute la Lorraine, une partie de la Champagne, le pays de Jean Bart, sous prétexte que leurs fleuves vont plus loin porter leurs alluvions à des terres prétendues allemandes ? Le bon droit international est-il une chose étrange qui remonte le cours des fleuves, et qui ne le redescend pas ? Si une revendication territoriale est monstrueuse quand elle va de la source à l'embouchure d'un cours d'eau, devient-elle légitime quand elle rebrousse de l'embouchure à la source? Et dans ce cas, de quel droit l'Empire d'Allemagne détient-il le cours supérieur du Danube jusqu'à Passau? Bien mieux, pourquoi les Allemands qui en occupent les rives jusqu'à Presbourg, ne s'empressent-ils pas de déguerpir pour faire place aux Slaves, qui justement peuplent déjà les bouches du fleuve (1), qui en enferment le bassin dans deux bras immenses dont l'extrémité est au nord de Trieste et au sud de Prague, et qui seraient sans doute enchantés de se donner la main

1. Richard Andree's, *Allgemeiner Handatlas*, à Bielefeld et Leipzig, chez Velhagen et Klasing, 1881, les cartes 13, 45 et 64 indiquant la race des différents peuples du bassin du Danube.

sur le Prater, à Vienne ? Ne seraient-ils pas alors autorisés à dire qu'il y a seulement quelques Roumains et quelques Magyares dans des districts enclavés de l'Europe orientale, mais que celle-ci, comptant de l'Adriatique aux monts Ourals 150 millions d'habitants qui sont presque tous slaves, elle a reçu le nom de Russie ?

Afin d'éviter cette conséquence rigoureuse de son système, Daniel dit que « le Danube, quant à son cours supérieur, « appartient à l'Europe centrale ou Allemagne (sens géogra- « phique). Il faut à cause de cela parler d'une haute terre « danubienne (Hochland) appartenant à l'Allemagne et d'une « basse terre danubienne (Tiefland), qui ne lui appartient plus (1) ; si bien que le Danube est allemand quand il coule à 160 mètres au-dessus du niveau de la mer, et il ne l'est plus, quand il n'est plus élevé que de 100 mètres (2). Nous n'avons rien à dire contre cette théorie ; mais c'est l'usage de tous les fleuves d'être plus élevés du côté de leur source que du côté de leur embouchure ; et si les hauts pays qu'un fleuve arrose appartiennent justement à une autre nationalité que les basses terres où il descend, nous ne voyons pas pourquoi le cours supérieur de la Meuse et de la Moselle ne relèverait pas légitimement de la France, s'il parcourt des pays élevés et quand bien même il descendrait ensuite vers des basses terres habitées par des Allemands ou par des Hollandais. Or si nous en croyons les atlas de classe allemands eux-mêmes, c'est précisément le cas : tous les pays du bassin de la Meuse et de la Moselle auxquels nous entendons maintenir sans conteste leur qualité de français, sont attribués par leurs cartes à la partie élevée du sol et le cours des fleuves en question n'atteint que bien loin du

1. Daniel, ouv. cité, p. 231 et 315.
2. Altitude de Vienne au-dessus du niveau de la mer : 160 m. ; de Buda-Pest : 97 m.

territoiro français des basses terres proprement dites (1).

Mais à quoi bon discuter et même avoir pour soi l'évidence du raisonnement, en partant de prémisses fausses ? La vérité, c'est que sur ce versant extérieur de l'Europe qui ne forme qu'une grande plaine continue des Pyrénées aux monts Ourals, les Français, les Allemands, les Slaves, les Finnois se sont pressés les uns derrière les autres, sans qu'il ait jamais été possible de trouver une barrière naturelle à mettre entre eux. Daniel, cherchant la frontière de la Russie et de l'Allemagne et ne la trouvant pas, dit : « du « côté de la basse terre allemande, la frontière naturelle, « manquant est remplacée par la frontière de l'empire allemand, dans la région de l'Oder et de l'Elbe (2). » De même, entre la Somme et l'Escaut, aucune frontière naturelle n'est marquée par un obstacle géographique digne de ce nom qui ait, en effet, départagé les races, et, manquant, elle est remplacée par la frontière de la République française. Si Daniel se résigne, vaille que vaille, à voir entre Varsovie et Posen une démarcation politique qui rejette dans le Parlement de l'Allemagne quelques députés polonais, pourquoi ne se réjouirait-il pas de voir entre Bruxelles et Dunkerque une autre démarcation politique en deça de laquelle tout le monde se réclame ardemment du nom de Français ? — Je faisais remarquer plus haut qu'on ne pouvait demander au pauvre instituteur de la campagne de Brandebourg, ardent patriote, un tact, une discrétion, une correction parfaite. Mais les hommes éminents qui siègent au ministère, sous les Tilleuls, s'offenseraient à juste titre si on ne se montrait pas plus exigeant avec eux. Et le ministère patronne le livre de Daniel.

1. Voy. notamment, Debes, *Schul-Atlas*, Leipzig, chez Wagner et Debes.
2. Ouv. cité, p. 286.

Les atlas qu'on met entre les mains des enfants sont fort bons. On sait à quel haut degré de perfection les Allemands ont porté l'art de la cartographie. Mais il ne suffit pas, pour l'enseignement de la géographie, qu'il y ait dans un pays des atlas complets et savants, qui d'ailleurs ne peuvent être que chers. Il faut qu'on sache faire des cartes très claires, où il n'y ait à peu près que la quantité d'indications qu'on veut donner aux élèves, que l'atlas soit par conséquent en rapport avec la pédagogie d'un enseignement géographique bien conçu et divisé en degrés distincts et superposés, enfin que les programmes et les méthodes d'enseignement géographique soient assez stables pour assurer un long débit et par suite un très bon marché à l'atlas qui répond à l'un des degrés de l'enseignement. Ces différentes conditions sont réalisées en Allemagne et, pour 1 mare, il est aujourd'hui possible d'y munir l'élève d'un atlas (1) où nos voisins sont parvenus à atteindre les deux qualités dont la conquête leur est le plus difficile, la sobriété et la netteté.

Un des principes qui dominent cette cartographie nouvelle, c'est d'indiquer par des teintes différentes les hauteurs relatives du terrain et les reliefs généraux du sol. Je ne veux pas dire qu'on soit parvenu à vaincre toutes les difficultés que soulève ce problème; mais on s'est du moins fort approché du but (2). Les cartes en relief proprement dites semblent à peu près condamnées. On fait aussi pour une petite étendue de pays des reliefs en caoutchouc où les différences de niveau doivent être monstrueusement exagérées et qui, malgré cela, demeurent indistinctes. Leur emploi ne me paraît convenable que dans des cas très rares. Très utiles

1. Celui de Debes, cité plus haut, par exemple. On mesurera les progrès accomplis en le comparant, si on veut, à celui de Sydow, publié antérieurement chez Perthes.

2. Voy. par ex. les cartes de Kelner, à Weimar.

me paraissent, au contraire, les cartes, ou plutôt les tableaux qui représentent un pays à vol d'oiseau et qui donnent l'idée la plus frappante et la plus saisissable de ses accidents de terrain (1). Leur place est dans toutes les écoles, pour faire comprendre aux enfants ce qu'est une montagne, un fleuve, un rivage, une falaise, un lac, une île, etc., en un mot, les concepts généraux de la géographie. Mais nous touchons au point où celle-ci se rattache à ce que les Allemands appellent la description de la nature (Naturbeschreibung,) ce que nous appelons l'histoire naturelle.

1. Chez Wachsmuth, à Leipzig.

CHAPITRE IV

ECOLE PRIMAIRE (*suite*)

Histoire naturelle. — Physique. — Le calcul, écrit et de tête. — Géométrie. — Dessin. — Ouvrages des doigts. — L'enseignement de l'allemand. — Le livre de lecture. — Méthodes remarquables de récitation dans l'école allemande. — L'interrogation. — Que l'enfant est au centre de la classe. — Que la classe est un tout. — Le devoir écrit. — Modestie des programmes et excellence des résultats : animation de l'enseignement et fusion de l'individu dans l'ensemble.

« L'objet de l'enseignement en histoire naturelle est
« formé, en dehors de la structure et de la vie du corps
« humain, par les minéraux, les végétaux et les animaux
« du pays, les grands animaux féroces des contrées étran-
« gères, le monde animal et végétal de l'Orient, et ceux des
« végétaux cultivés dont les produits sont chez nous d'un
« usage journalier (par ex. le cotonnier, l'arbre à thé, le
« caféier, la canne à sucre). Parmi les objets que nous offre
« notre pays, il faut placer sur le premier plan ceux qui, par
« les services qu'ils rendent à l'homme (par ex. les animaux
« domestiques, les oiseaux, le ver à soie, les céréales et les
« plantes textiles, les arbres à fruits, le sel, le charbon), ou
« par le mal qu'ils font à l'homme (plantes vénéneuses), ou
« par quelque particularité de leur vi ou de leurs mœurs

« (par ex. le papillon, la trichine, le ver solitaire, l'abeille,
« la fourmi), excitent un intérêt spécial.

« Dans l'école à plusieurs classes, on peut non seulement
« multiplier ces objets, mais encore entreprendre leur clas-
« sification systématique et une étude plus détaillée de leurs
« applications industrielles. Habituer l'enfant à l'observa-
« tion attentive, éduquer chez lui la considération réfléchie
« de la nature, voilà ce qu'il faut s'efforcer de faire par-
« tout (1). »

A ce programme général sont jointes les circulaires relatives à la protection des animaux utiles (2).

Dès les premières leçons d'intuition et de langage, l'enfant
a eu l'occasion de parcourir une partie de ce programme ;
et bien que ces leçons, comme nous l'avons expliqué, aient
surtout pour but la pureté de l'élocution et la clarté des
idées, celles-ci ne sauraient se produire sans une connaissance
nette de l'objet exposé et traité. Ces leçons apportent donc
à l'enseignement de l'histoire naturelle une contribution
dont il ne faut pas méconnaître l'importance.

Plus tard, si je ne me trompe, on s'efforce, autant que possible, d'associer l'enseignement à l'observation directe de
l'objet réel, de la chose même dont on traite. J'ai vu à
l'école normale primaire de Berlin une leçon de botanique
et chacun des élèves avait entre les mains un exemplaire de
la plante dont il était question (le trèfle) ; tous étaient in-
vités à faire celles des recherches ou des vérifications qui
se trouvaient être ainsi immédiatement possibles. Pendant
l'été, il n'est pas rare de rencontrer à la campagne, en chemin de fer même, des écoles tout entières, des bandes
d'enfants qui, sous la conduite de l'instituteur, s'en vont

1. Disp. gén. du 15 oct. 1872.
2. Schneider, *Volkschulwesen*, etc., p. 71.

gaiement herboriser, ayant au dos leurs petits herbiers de métal peints en vert.

On connaît aussi le système d'intuition par des pièces en carton démontables, qui représentent sous un volume très grossi des fleurs, ou des organes physiologiques, comme l'œil, l'oreille, etc. (1). Mais ces objets sont assez chers et leur emploi est surtout convenable dans des établissements qui peuvent avoir un cabinet d'histoire naturelle.

« Dans l'école à un ou deux maîtres, l'enseignement de la
« physique doit aller jusqu'à faire comprendre approxima-
« tivement aux enfants les phénomènes qui les environnent
« tous les jours.

« Dans l'école à plusieurs classes, il faut étendre la ma-
« tière jusqu'à donner les parties les plus importantes de
« la théorie de l'équilibre et du mouvement des corps, de
« celle du son, de la lumière et de la chaleur, du magné-
« tisme et de l'électricité, de manière à ce que les enfants
« soient en état d'expliquer les phénomènes ordinaires de
« la nature et les machines les plus usuelles. » (Disp. gén.
du 15 oct. 1872.)

A cet enseignement se rattachent les circulaires relatives à la protection des appareils publics de communication (lignes de télégraphe, etc., etc.) (2).

Il y a quelques écoles où l'on a pu essayer de joindre à la physique les éléments de la chimie ; mais dans la plupart, on se tient aux termes de ce programme et l'on doit s'estimer heureux de le remplir. Les images murales sont ici peu de mise, et indépendamment des outils ou machines les plus communes, le levier, la roue, la balance, la pompe, etc.,

1. Exposition de matériel scolaire (Lehrmittelausstellung) de Dresde.
2. Voy. Schneider, *Volkschulwesen*, etc., p. 72.

dont il est toujours facile de mettre un type sous les yeux des enfants, on trouve à bas prix des appareils spécialement construits pour l'école (1). Mais les meilleurs sont toujours ceux que l'instituteur fait lui-même en collaboration avec ses élèves et on m'en a souvent montré de petites collections fort intéressantes. J'ai vu, à Berlin, un maître expliquer la distillation de l'eau à l'aide d'un distillateur construit dans la classe même. La vapeur s'échappait en jets bruyants, l'eau bouillonnait et sautait sur la table, sur les bancs; les enfants se précipitaient, sur un signe du maître, avec des torchons, des éponges, des arrosoirs ; et tout ce petit monde, instituteur et enfants, était dans un tel feu qu'après avoir pris congé plusieurs fois en vain, nous dûmes nous retirer, fort enchantés, MM. l'inspecteur, le directeur et moi, sans qu'on eût le temps de prendre garde à nous le moins du monde.

L'enseignement du calcul commence, dans le cours inférieur, par l'étude des nombres de 1 jusqu'à 100. Dans le cours moyen, on les aborde tous et on y joint les règles de trois. Dans le cours supérieur, on s'occupe des fractions, et l'on va, dans les écoles les plus développées, jusqu'à l'extraction des racines. Il y a pour tous ces degrés du calcul des bouliers compteurs et des tableaux dont les plus savants sont, naturellement, assez compliqués.

Cette séparation des matières est justement ce qui permet au maître d'en faire faire l'étude simultanée dans l'école de campagne à trois divisions. Il envoie au tableau un des plus grands élèves qui exécute correctement un exercice simple, suivi de tous, mais destiné plus spécialement à la division des petits. Puis les opérations et les calculs sont effacés et

1. Voy. Schneider, *ibid*. et Kahle, *Grundzüge*,etc., 2ᵉ partie, p. 155 et suiv.

la troisième division s'occupe à les recommencer sur ses ardoises. Un devoir est donné ensuite de la même manière à la seconde division, puis un autre à la première. Mais quand le moment est venu pour celle-ci de se mettre au travail à part, la troisième division a eu le temps de finir ses opérations et le maître peut ramasser des ardoises pour les examiner. Les ardoises de la seconde, enfin de la première division sont remises à leur tour et rapidement corrigées.

Chaque élève doit avoir un cahier où il écrit ses devoirs d'arithmétique. Les problèmes sont tirés des circonstances ordinaires de la vie et préparent l'enfant à n'y être pas embarrassé. Mais un secours qu'on s'efforce avant tout de lui ménager, c'est l'habileté à calculer de tête. Bien que le calcul de tête doive s'appuyer constamment sur le calcul écrit et lui emprunte souvent des problèmes et des exercices, c'est lui qui, théoriquement, a le pas sur l'autre ; et toutes les fois qu'avec un degré supérieur d'instruction, on aborde une nouvelle manière d'opérer sur les chiffres, il doit précéder toute écriture au tableau (1). Cette marche est rationnelle, comme il l'est que la pensée précède son signe : elle est pratique, car dans beaucoup de cas, les calculs doivent ou pourraient être faits immédiatement, sans l'aide d'aucune écriture. Nombre d'enfants que j'ai vus en Prusse m'ont jeté à cet égard dans un étonnement profond. Plusieurs passeraient pour de petits phénomènes, si le niveau à cet égard n'était pas très élevé.

Le système des poids et mesures forme la transition naturelle de l'enseignement de l'arithmétique à celui de la

1. Pour tout ce passage, voy. les Dispositions générales du 15 oct. 1872.

géométrie. L'un comme l'autre, ils ne doivent être dispensés
qu'en présence d'un objet réel. Les écoles de campagne
elles-mêmes ont pour la géométrie de petites figures en
carton ou en plâtre. Le programme est naturellement restreint. Il ne va guère qu'à faire connaître à l'enfant les formes régulières et le cercle, et dans les écoles à plusieurs
classes seulement, on traite quelques cas de l'égalité et de
la superposition des figures. Il est dans les intentions de
l'administration de tenir cet enseignement dans un rapport
non moins étroit avec le dessin qu'avec le calcul : le dessin
doit apprendre à l'enfant à considérer les choses d'un œil
juste et la géométrie à les mesurer d'un esprit exact. Mais
ce rapport se trouve, dans la pratique, malaisé à maintenir
toujours (1). Il n'est pas question d'arpentage, et, dans les
classes supérieures des écoles de filles, on peut suspendre
l'étude de la géométrie et donner le temps ainsi gagné aux
travaux à l'aiguille.

Les méthodes théoriques des pédagogues pour l'enseignement du dessin sont diverses et se contredisent même les
unes les autres. En fait, l'administration semble avoir opté
pour le dessin linéaire et géométrique, celui qui s'écarte le
moins de la science géométrique proprement dite. Le but
de l'enseignement est d'apprendre aux enfants l'usage de la
règle, de la mesure et du compas, et de les rendre capables
de reproduire à une échelle donnée les figures qu'on dessine
devant eux, chambres, jardins, bâtiments, églises et autres
corps qui présentent des arêtes droites et de grandes sur-
faces (2).

Au début de l'enseignement, on se sert souvent d'un ta-

1. Voy. Disp. gén. et Kahle, *Grundzüge*, etc., 2ᵉ partie, p. 113.
2. Voy. Disp. gén. du 15 oct. 1872.

bleau noir quadrillé. Les élèves ont des cahiers préparés de la même manière. Le maître commande de tirer une ligne ayant la longueur de trois, quatre, dix carrés, à droite, à gauche, en bas, en haut, etc., et il la trace lui-même à la craie. Les enfants l'imitent avec leur crayon. Finalement le dessin se trouve produire une de ces figures géométriques régulières, étoilées, qui sont familières à la méthode de Fröbel. Plus tard, on emploie le crayon de couleur et on arrive graduellement au dessin d'ornementation.

Les *Dispositions générales* disent qu'on peut fournir aux enfants exceptionnellement doués les moyens de dessiner d'après des modèles spéciaux. Je crois que, si les prescriptions administratives citées plus haut assignaient à l'enseignement du dessin linéaire un *minimum* qui n'est sans doute guère atteint dans les écoles de campagne, en revanche, elles signalent ici comme *maximum* un degré qui est souvent dépassé dans les écoles des villes. Bien des jeunes garçons y font de fort jolis dessins, non seulement d'après le modèle gravé ou lithographié, mais d'après le relief. Toutefois ce dernier degré de l'enseignement du dessin n'est pas ouvert aux filles.

Celles-ci, autant que possible, consacrent, à partir du cours moyen, deux heures par semaine aux ouvrages des doigts (Handarbeiten) (1). Selon que les circonstances et les ressources de l'école le permettent, elles y apprennent les travaux à l'aiguille de la simple ménagère : coudre, repriser, tricoter, marquer le linge, etc., ou bien elles acquièrent l'habileté d'une couturière et entreprennent même quelques-uns de ces jolis ouvrages, tapisserie, crochet, etc., par lesquels une femme adroite, indépendamment du profit qu'elle

_____

1. Voy. Disp. gén. du 15 oct. 1872.

en peut tirer, donne à sa maison l'image bienfaisante d'un modeste luxe intime.

Je n'ai pas parlé jusqu'ici de l'enseignement de l'allemand, qui est pourtant le plus important de tous et qui se fait, comparativement aux autres, la part du lion dans le plan d'études (1). L'histoire naturelle et la physique, le calcul et la géométrie, le dessin et les travaux à l'aiguille sont des connaissances qui permettent sans doute à l'enfant de devenir utile aux autres, mais dont l'effet le plus immédiat est de le rendre utile à lui-même, c'est-à-dire de lui permettre de n'être plus tard à charge à personne, de tenir sa place dans la vie et de se frayer même un chemin dans la société. L'histoire seule a développé jusqu'ici des sentiments de solidarité, en lui enseignant les épreuves que sa patrie a traversées dans le passé et les gloires qu'elle lui a léguées. La géographie, par sa méthode, apporte son appui à cette œuvre de piété et de souvenir et, par ses tendances, elle contribue, comme nous l'avons vu, à ouvrir à l'imagination de l'enfant de grandes et vagues perspectives sur l'avenir de son peuple. Ces hasardeuses destinées n'ont quelque chance de se traduire par des faits importants, qu'autant que la nation allemande y marchera d'un cœur et d'un effort commun. La seule conservation des avantages acquis implique d'ailleurs une certaine communauté de pensée chez tous les Allemands, et comme leur union a été moins réalisée de leur fait que par un gouvernement fort, s'emparant de leurs aspirations pour vaincre leurs volontés mêmes, il ne faut pas s'étonner si ce gouvernement met l'école d'accord avec ses principes et ses vues.

Rien que de légitime en cela. L'école est, de son essence,

1. Voy. la Répartition des heures de classe, au chapitre II.

une institution publique. Elle n'est pas faite pour payer aux individus une dette douteuse ; elle se présente bien plutôt comme la forme d'un devoir, aussi impérieux pour les familles que pour l'État ; et tout le monde le sent, en Prusse, par l'obligation que la loi impose d'y envoyer les enfants, comme elle impose le payement des contributions ou le séjour sous les drapeaux. L'intérêt de l'État, qui est d'élever le niveau intellectuel et moral dans un pays, se confond heureusement ici avec celui des individus, mais autant seulement que ceux-ci, pourvus à frais communs des bienfaits de l'instruction, seront prêts à tourner leurs énergies au profit de la société à laquelle ils appartiennent, et à soutenir, chacun à sa place, les prétentions de la patrie. C'est dire que l'école doit être nationale et patriotique.

Ces principes n'ont trouvé nulle part une consécration aussi décidée et aussi méthodique que dans l'école prussienne. L'enfant qui la fréquente sent bien vite qu'il n'en est ni le maître ni le dieu, mais il est impossible qu'il ne s'aperçoive pas avec reconnaissance des services considérables que lui rend l'éducation commune et qu'il n'y puise pas des sentiments de dévouement et de solidarité.

Tout contribue dans l'école à atteindre ce résultat, non seulement les programmes, mais la méthode d'enseignement. Elle tourne vers ce but les parties mêmes du plan d'études qu'on ne croirait propres qu'à servir l'intérêt individuel de l'enfant. Toutefois le plus important instrument de cette œuvre, c'est la langue maternelle, la langue nationale.

L'enseignement en repose presque tout entier sur le « livre de lecture ». Nous avons vu plus haut qu'il faisait partie du bagage obligatoire de l'écolier et que les « Dispositions générales » le mettaient même à la base de toute l'instruction primaire. Un des principes de la pédagogie allemande, c'est, en effet, de faire écrire fort peu. Il importe que l'élève ait et garde entre les mains un livre varié et bien fait qui lui tienne lieu d'une foule de cahiers, qui lui serve d'un guide, d'un compagnon, d'un ami sûr dans les différents domaines que lui ouvre l'éducation.

Le livre de lecture cherche à répondre à ce programme. L'ouvrage complet, imprimé en lettres allemandes, mais semé de pages assez nombreuses en caractères latins, se divise ordinairement en plusieurs petits volumes dont chacun répond à l'un des degrés de l'enseignement. Chaque volume à son tour comporte plusieurs divisions correspondant aux différentes parties du plan d'études. Aux tout petits enfants, le livre de lecture apprend leurs prières ; il les entretient des principales fêtes de l'année, il leur décrit les charmes du printemps à Pâques et il leur raconte toutes les merveilles de Noël, avec son arbre chargé de neige, ses jouets, ses friandises et sa brillante illumination. Il les familiarise avec les fleurs les plus connues, les animaux les plus répandus ; il leur parle de leurs parents et entretient les superstitions enfantines de la famille ; il leur ouvre surtout le monde des fables, des contes, des récits, des légendes dont la littérature allemande est fort riche. Il leur apprend les proverbes les plus usuels. Enfin il apporte déjà sa contribution à l'histoire et peuple l'esprit de l'enfant d'anecdotes que celui-ci a peut-être déjà entendues dans sa famille et qui feront, pour ainsi dire, plus tard partie si intégrante de sa mémoire qu'il ne se souviendra plus de les avoir jamais apprises. Là passent tour à tour Charlemagne, Barberousse, Luther, le vieux Fritz qui, après avoir si bien battu les Français à Rosbach, s'occupait d'envoyer les petits enfants à l'école ; la reine Louise, offensée par Napoléon ; Blücher, « le maréchal En avant », qui la venge, et l'empereur Guillaume, qui devient, de son vivant, le héros d'un cycle épique national.

Dans les volumes suivants, le livre de lecture est forcé de se répéter lui-même ou, du moins, de revenir sur ses propres traces. Il l'entend bien ainsi. Enseigner, n'est-ce pas dire et redire ? Mais il élargit les domaines qu'il a déjà touchés, il élève le ton ; il ne s'adresse plus à de toutes jeunes imaginations où les choses les plus simples elles-mêmes prenaient la couleur du merveilleux, mais à des enfants dont l'esprit commence à connaître la raison. Il leur parle plus sérieusement de Dieu et de la création, des saisons, des grands phénomènes de la nature ; il leur donne à comprendre la sainteté du travail et leur fait aimer les animaux qui aident l'homme à en porter le faix ; parfois il emporte ses jeunes lecteurs dans des contrées lointaines, à la chasse de quelque bête féroce. Il les conduit sous la terre, dans les mines ou par quelque tunnel, ou les emmène dans une ascension aérostatique. Il les attarde volontiers dans l'histoire, les initie aux trésors les plus accessibles de la littérature allemande et les ramène enfin à « la guerre de la délivrance », aux narrations de Leipzig et de Sedan, aux gloires de l'empereur et du peuple allemand.

Grâce à lui, pas un enfant ne quitte l'école sans savoir par cœur les plus belles poésies de Gœthe, de Schiller, de Uhland, de Chamisso, de Fallersleben. J'ai entendu réciter partout la Ballade du roi des Aulnes, Barberousse, le Roi aveugle, le Chant des Prussiens, les cantiques en l'honneur de « Guillaume le Victorieux ». Mais à l'école primaire, cette récitation n'est jamais le fait d'un seul enfant, petit prodige que les autres pourraient avoir depuis longtemps perdu l'ambition de suivre, et peut-être aussi le désir d'écouter. C'est la classe tout entière qui récite. Et comment ? — Soit en chœur, soit même que les enfants prennent la parole les uns après les autres.

En chœur — le maître tient à la main le bâton de chef

d'orchestre et conduit la récitation comme une véritable exécution musicale. Le mouvement est lent et chaque enfant parle très haut. Les syllabes accentuées, où pèse la voix, servent comme de lien ou de points fixes à la cadence. Le mouvement général emporte toutes les hésitations, toutes les imperfections particulières. Chaque mot est rendu avec sa prononciation correcte, chaque son avec son expression exacte, et il n'y a plus de place dans l'ensemble pour les défauts du dialecte ou pour les contre-sens de la diction. Celle-ci ne peut naturellement viser à la finesse ; mais elle suit très suffisamment les indications les plus importantes du texte. Le bâton du chef d'orchestre sait, au besoin, précipiter le récit, faire enfler le ton ou le réduire, dans certains passages, presque à un murmure. Quand une poésie a été étudiée sérieusement de cette manière, aucun enfant ne peut plus faire de méprise grave, je dirais volontiers ici : sur la gamme de sentiments qu'elle parcourt ; et certes, cette étude active et commune enfonce bien plus vivement un texte dans le souvenir qu'un travail de mémorisation solitaire et pénible. Si, d'autre part, on restreint sagement à un nombre très modéré les morceaux qu'on veut faire apprendre par cœur aux enfants, on aura toutes les chances du monde d'avoir, en choisissant bien, un petit bagage de choses excellentes bien sues, et bien sues par tout le monde. C'est le résultat qui est acquis dans les bonnes écoles prussiennes, comme le prouve la récitation des enfants, quand on les interroge un à un.

Dans ce cas, le titre de la pièce est d'abord annoncé et chacun doit se tenir prêt à la dire. Un élève est désigné et commence. Il récite une strophe, deux strophes ; mais le maître a fait un signe et un second est déjà debout et continue ; quelques secondes après, c'est un troisième, et la pièce s'en va ainsi, volant de bouche en bouche, jusqu'à la dernière strophe et au dernier mot. Le maître lance, pour ainsi dire, la récitation dans toute la classe, à droite, à gauche, au fond, plus près de lui. Chacun est tenu en haleine, presque anxieux, la mémoire assurée, et, à peine désigné, entre de plain pied dans la suite et dans le ton du récit. On s'aperçoit à peine que la voix a changé et l'esprit du poète flotte vraiment sur tous les assistants.

Au surplus, cette méthode n'est pas particulière à la récitation des poésies, elle est le ressort même de l'animation de la classe. Quelque leçon qu'on y fasse ou qu'on y révise, histoire ou géographie, physique, calcul ou histoire naturelle, jamais le poids du travail n'est imposé à un seul élève ; constamment l'interrogation est répartie entre tous. La question est toujours faite avant que personne soit désigné, de manière à ce que chacun, étant sous le coup d'être interpellé, prête attention et ait quelques secondes pour réfléchir et préparer la réponse. Chacun est en éveil, l'oreille au guet et la parole déjà posée sur les lèvres.

Ce système réalise deux principes essentiels.

Diesterweg dit quelque part que ce n'est pas le maître qui est au centre de la classe, que c'est l'élève ; que le maître, avec tous les objets de son enseignement, est à la circonférence. Sous une forme un peu bizarre, c'est l'énonciation d'une vérité capitale. Que veut dire ceci ? le maître n'est pas au centre de la classe. Ce n'est pas lui qui doit faire effort, ou si du moins il fait des efforts, ce n'est que pour provoquer ceux de l'enfant. Là est le véritable point central de l'école ; c'est chez l'enfant que les facultés doivent être tendues, l'esprit en éveil, tout l'appareil pensant excité, en mouvement, en progrès. L'école n'est que le milieu où ces circonstances peuvent et doivent se produire, et, à la rigueur, le maître pourrait être considéré seulement comme une des parties intégrantes de ce milieu, comme un objet scolaire parmi les autres, comme un instrument de plus parmi les livres, les tableaux, les cartes, et tout ce matériel où doit s'attacher successivement la pensée de l'écolier. Ou plutôt, il est le moyen de mettre en œuvre ce matériel qui entoure l'enfant. Il est à la circonférence, avec tous les objets de son enseignement ; mais l'enfant reste au centre et c'est en lui que doit se passer le grand travail d'apprendre.

Il semble que la méthode d'intuition ou d'enseignement par l'aspect, dont le triomphe en pédagogie est complet et définitif, soit un démenti à ce principe : quiconque n'a fait avec elle qu'une connaissance de fraîche date est du moins exposé à le croire. Le maître ne devient-il pas, grâce à elle, l'homme qui montre la lanterne magique ? L'image en main, il déroule devant ses élèves les merveilles de toute la nature, brodant sur les tableaux exposés des explications ou des variations plus ou moins amusantes, et voilà les enfants changés en spectateurs qui prennent plus ou moins de goût à la pièce. — C'est une erreur. A l'école, il n'y a pas de spectateurs, il ne doit y avoir que des acteurs, et ce sont les enfants qui doivent jouer la pièce. C'est la seule manière de l'apprendre. Quand l'instituteur leur enseigne pour la première fois quelque chose qu'ils ne savent pas encore, il ne leur offre pas une représentation. Il est professeur dans la force du terme. Il leur donne à connaître quelque chose qu'il faut connaître, qu'il faut penser, qu'il faut dire, mais c'est eux qui doivent le dire, le penser, le connaître ; et c'est bien à ces termes que nous avons vu la méthode d'intuition ramenée dans l'école allemande. Le maître est comme le directeur d'une troupe qui lui lirait une comédie nouvelle, qui connaîtrait les intentions de l'auteur, qui réglerait la marche des études, qui indiquerait le caractère des rôles et les intonations des différents passages, qui surveillerait l'harmonie du texte et des décors ; mais en fin de compte, c'est la troupe qui devra savoir le drame, ce sont les acteurs qui devront posséder leurs répliques et faire vivre la fiction sur la scène. A l'école, la scène, c'est la classe, et ce sont les enfants qui doivent faire la conquête de la vérité. Quand ils la posséderont et qu'ils l'auront faite leur, ils l'emporteront un jour avec eux ; la distance qui les sépare de l'instituteur s'agrandira, celui-ci sortira du cercle de leurs relations, du cercle d'activité de leur esprit où il aura semé tant de connaissances, comme le directeur du théâtre se retire à la cantonade quand la pièce est sue. « Le maître est à la circonférence. »

Combien d'excellents maîtres s'épuisent en efforts, se dépensent en bonnes intentions, parce qu'ils ne sont pas pénétrés de ce précepte. Ils veulent à tout prix intéresser leur classe. Ils s'ingénient en narrations, en descriptions, en rapprochements de toute sorte. D'abord tous les yeux sont fixés sur eux et tous les esprits suspendus à leurs lèvres. Cette pédagogie est celle de l'enseignement supérieur. Elle n'a pas fait un pas, depuis que les étudiants de l'Université de Paris, assis sur des bottes de paille, entouraient Abailard sur la montagne Sainte-Geneviève. Ici le maître est au centre ; à la circonférence, c'est l'enfant. Mais l'attention de celui-ci n'est pas celle d'un jeune homme, d'un homme fait. Elle se détourne bientôt, quand il n'agit pas lui-même. Il se produit du mouvement, des distractions, des conversations particulières. Le maître veut dominer le bruit, forcer l'attention, il hausse la voix, se fatigue, s'irrite de voir tout son dévouement méconnu, s'aigrit contre sa classe et perd confiance en lui-même.

Un autre, au contraire, se met résolument à la circonférence de sa classe. Il la tient tout entière sous ses yeux. Il a soigneusement préparé sa leçon. Il n'en expose à la fois que de très courtes portions, telles qu'elles fassent un petit tout aisément saisissable en une fois. Ses élèves sentent qu'il n'est point absorbé par le sujet, qu'au contraire il le domine, que son esprit est libre et que toute son attention est dirigée sur eux. Aussi leur attention est-elle tout entière dirigée sur lui. Dès qu'il a exposé un point de sa leçon, il interroge. Sa voix est claire, mais il la maintient à un diapason très modéré, pour que tout le monde soit obligé de l'écouter. C'est l'élève qui répond très haut, pour que personne ne puisse se dispenser de l'entendre. La leçon touche à sa fin ; le maître n'est pas exténué, les enfants ont écouté, réfléchi, parlé, travaillé, et l'enseignement a laissé une impression vivace qui en fait envisager le retour avec plaisir.

Le second principe que cette méthode fait valoir, c'est que la classe est un tout. Sans doute les meilleurs pédagogues, Diesterweg avec eux, conseillent à l'instituteur de tenir compte de l'individualité de leurs écoliers. Mais ce précepte est subordonné au premier, qui est de considérer la classe comme un ensemble dont il faut exciter à la fois tous les membres et pousser de front toutes les parties. — Mais l'intelligence, les capacités des enfants sont différentes. — C'est justement pour cela qu'on ne peut demander à l'instituteur d'en faire sa règle. Que deviendra-t-il, s'il est obligé d'accommoder son enseignement à chaque cas individuel et d'avoir autant de cours divers que d'élèves ? Non, l'instituteur n'est pas appointé par l'Etat pour être le répétiteur particulier de chacun des enfants qui peuplent la classe ; il est là pour remplir un devoir d'ordre plus général, pour préparer un certain niveau d'éducation dans le pays et, par conséquent, pour en réaliser d'abord un degré dans le domaine qui lui est immédiatement confié. Il n'est point payé pour être précepteur privé, mais il a charge d'être instituteur public. Les avantages qu'il procure indirectement à chacun doivent avoir leur source dans le bien qu'il fait à tous : il ne doit pas de services aux écoliers, mais à l'école ; il n'est pas l'instituteur de ses élèves, mais de sa classe, et c'est elle qu'il doit avoir en vue quand il enseigne.

Le procédé contraire est, de son essence même, la négation d'un enseignement commun. C'est lui qui frappait de stérilité l'école de l'autre siècle, conduite par le chantre ou le sacristain, alors que ce pauvre magister, peu au fait des lois de la pédagogie, appelait tour à tour les enfants à son tabouret pour épeler les lettres qu'en fin de compte ils n'apprenaient point. Mais le maître qui aujourd'hui fait lever ou appelle un de ses élèves, l'interroge à part, le presse de questions auxquelles il est souvent obligé de répondre lui-même, transforme ainsi la leçon en dialogue, ne commet-il pas la même erreur ? Les autres élèves ne prennent aucune part à la conversation exclusive qui s'est établie entre leur maître et leur camarade ; la leçon n'existe plus pour eux. Que le fait se produise assez souvent, et il y aura bientôt toute une partie des matières traitées dont ils n'auront aucun soupçon. Les plus intelligents et les plus zélés auront seuls tiré quelque profit de l'enseignement. Le maître prendra l'habitude de n'interroger que ceux-là, les autres restant ordinairement muets devant une rare question. Dans quelque temps, ils formeront l'arrière-garde, « la queue de la classe, » sorte de masse indistincte, émoussée, alourdie. Le maître s'en désole et voudrait la tirer de son croupissement, mais il est trop tard : elle s'y complaît ; et comment saurait-il réparer le mal qu'il n'a pas su prévenir ? Il se retourne avec d'autant plus de sollicitude vers les bons élèves, groupe restreint, leur prodigue ses peines et obtient quelque fleurs rares, qui n'ont poussé que sur un épais humus.

L'école allemande s'efforce de prévenir cette division de la classe en éclaireurs et en traînards, cet allongement de la colonne où il ne manque bientôt que le corps de troupe. Elle essaye de maintenir de degré en degré un tout compact et homogène. Le moyen pour cela, c'est de ne laisser à personne le temps de s'arrêter et de muser en route, c'est d'imposer au maître l'obligation de rappeler immédiatement tout retardataire dans le rang ; c'est aussi de l'empêcher lui-même de courir en avant avec les plus lestes, tandis que la marche du gros des troupes, laissées à elles-mêmes, se change en débandade et en déroute.

Ce ne sont pas les meilleurs, mais, au contraire, les plus faibles, les plus distraits, les moins intelligents d'entre ses élèves que l'instituteur prussien a devant lui ; c'est sur eux surtout que sa surveillance s'exerce, c'est eux qui sont le plus exposés à son coup d'œil, et l'écolier sait, en Prusse, que l'œil n'est pas loin de la main ; c'est sur eux que les interrogations pleuvent le plus dru, eux qu'elles viennent secouer à leur banc dès qu'ils semblent oublier où ils sont et où doit être tendue leur pensée.

Le second point à observer pour rallier tout son monde, c'est de ne pas s'assigner un but qui soit hors d'atteinte pour des forces moyennes. L'école prussienne est à cet égard fort prudente. On a vu comment elle prescrivait à chaque cours sa tâche, lui demandant l'étude d'une certaine somme raisonnable de connaissances, mais lui interdisant aussi de la dépasser. Son mot d'ordre semble être : ni moins, ni plus. Dans la division des petits, les enfants doivent étudier d'abord les nombres de 1 à 100, et cela pendant deux ans. Un instituteur qui conduirait l'élite de sa classe au delà de cette limite, s'exposerait plutôt à des réprimandes qu'à des félicitations. J'ai fait remarquer aussi que l'école primaire rononçait à donner de l'histoire un aperçu suivi sous forme

de récit continu ; dans ses six ans de cours, elle ne croit pas
pouvoir dépasser de beaucoup la forme d'une exposition
toujours rattachée à des biographies. Mais la modestie de
ses prétentions ne s'accuse jamais mieux que dans la méthode qui préside au devoir allemand écrit. Ce devoir est
presque toujours préparé d'avance explicitement en classe.
Le maître lit ou raconte une histoire ; il en fait écrire au tableau les mots les plus difficiles. Il reprend ensuite le sujet
sous forme de questions, dont les réponses ajoutées les
unes aux autres reproduisent dans son entier le petit récit.
Le devoir consiste à écrire de tête ces réponses. Ce n'est
qu'à la fin du cours supérieur, comme couronnement de
l'instruction primaire, qu'on demande parfois à l'élève deux
petites pages sur un objet emprunté au cercle de son observation immédiate ou à l'ordre des affaires les plus simples
et les plus ordinaires (1). Encore certains pédagogues don-
nent-ils pour règle qu'il ne faut rien exiger d'original des
écoliers et qu'on doit se contenter de reproductions faites
avec goût (2).

Ainsi, aucune tendance à produire des sujets exceptionnels
et extraordinaires ; bien plutôt un parti pris de maintenir
l'essor, de condenser l'effort des meilleurs écoliers dans des
limites tracées d'avance. Dirait-on que ce système est dirigé
contre les supériorités, qu'il convient à un pays monarchi-
que, aristocratique, discipliné, où le développement de l'individu n'est pas un des dogmes et un des principes de l'état
social? Mais s'il fallait amener la politique sur un terrain où
elle n'a rien à faire, il serait peut-être tout aussi juste de
dire que le grand nombre ne doit pas être négligé au profit

1. Kahle. *Grundzüge*, etc., 2e partie, p. 90.
2. Kehr, *Die Praxis der Volkschule*, Gotha, 1880, p. 198.

de quelques privilégiés, qu'une certaine moyenne d'instruction et d'éducation doit être réalisée à tout prix et mainte-
nue dans un État démocratique fondé sur l'égalité.

En fait, la question est tout autre et, par bonheur, de nature exclusivement pédagogique. Une éducation commune
doit-elle ouvrir à un enfant la possibilité d'une ascension
précipitée, lui permettant de laisser rapidement en arrière
tous ses camarades et décapitant ainsi la classe à mesure
que les meilleurs éléments s'en détachent? ou doit-elle, au
contraire, n'abaisser ses barrières qu'une à une et après des
temps mesurés, de manière à ce que les intelligences les
plus vives et celles qui sont plus lentes se prêtent réciproquement leur ardeur et leur lest, le tout formant une classe
d'un alliage homogène et solide? Qui doute d'ailleurs que la
véritable supériorité ne se manifeste et ne se fasse jour dans
tous les cas? et qui voudrait l'étouffer?

Certes, les Allemands considèrent leur système d'éducation
comme propre à produire les hommes les plus distingués,
et ils ont d'assez bonnes raisons de le croire ; et ils sont con-
vaincus que leur école, ne promettant que ce qu'elle peut
donner, donne à peu près tout ce que peut donner une école.
Celui qui la visite et l'étudie en est bientôt persuadé. Il
admire l'activité intense qui l'anime et qui y vivifie toutes
choses. Devant cette interrogation qui éclate en zigzags à
tous les coins de la classe, ces enfants qui sautent d'un bond
sur leurs pieds, crient souvent à tue-tête leur réponse correcte et se rasseoient en un clin d'œil, devant cette communication permanente et rapide du maître et de tous les écoliers, il est fort exposé à perdre quelque chose de ses préjugés traditionnels sur la lenteur et la pesanteur germaniques·
Il reconnaît plutôt là ce caractère d'énergie tendue qui l'a
déjà frappé dans les autres manifestations de la vie nationale,
dans l'armée, dans la musique, et qui, à l'esprit mesuré d'un

Français, produit presque d'abord l'effet d'une forme de la violence. Bien entendu, ce résultat élevé ne peut être pleinement atteint en dehors des écoles divisées en plusieurs classes et pourvues de plusieurs bons instituteurs ; là même où ce ton est celui de l'enseignement, il ne peut être soutenu indéfiniment et les leçons sont presque toujours courtes en Allemagne. Mais leur ensemble, dans une bonne école publique de Berlin, par exemple, laisse l'impression d'un enseignement primaire poussé à l'une des plus hautes puissances où il puisse être porté ; et chaque classe donne l'idée d'un être à part, complet et actif, où il n'y a ni partie indépendante des autres ni partie morte.

Que cet enseignement et cette méthode combinés donnent à l'enfant un vif sentiment de la vie et de l'union commune, de la solidarité de la classe à laquelle il appartient, c'est ce qui n'est pas douteux. Il n'y est jamais traité à part, comme un personnage. Il est interrogé comme les autres, à l'improviste, soit qu'il lève la main pour demander la parole, soit qu'il ne la sollicite pas. Répond-il bien, il obtient rarement un mot d'approbation et sa récompense est de voir le maître passer instantanément à la question suivante. Répond-il mal, l'instituteur fait signe à un autre. Dans tous les cas, l'élève doit se rasseoir immédiatement après avoir parlé ; et bien que cette méthode tende à fondre l'individu dans l'ensemble et semble par là peu propre à surexciter les vanités personnelles, les élèves ont un sentiment assez vif de leur part de responsabilité pour qu'on en voie souvent, après avoir échoué dans une réponse, fondre en larmes en se rasseyant, ce dont personne d'ailleurs ne s'occupe.

CHAPITRE V

ECOLE PRIMAIRE (*suite et fin*)

Le chant — Préparation des instituteurs comme maîtres de chant. — Gymnastique. — Ses rapports avec le service militaire. — Une revue de gymnastique. — Préparation des instituteurs et des institutrices comme maîtres de gymnastique. — Les punitions. — Les examens publics de la fin du semestre.

Si puissants que puissent être ces enseignements et cette méthode pour développer chez l'enfant le goût et le besoin d'appartenir à un ensemble organisé, l'école allemande a encore d'autres moyens de grouper les écoliers et d'établir entre eux des liens communs. Ce penchant qui porte les Allemands à se réunir en sociétés où ils mettent leur plaisir et leur fierté, qui leur fait supporter si facilement la règle dans une entreprise ou une œuvre commune ; ce trait caractéristique de leur race auquel ils donnent tour à tour le nom de dévouement, d'amour, de fraternité, de fidélité allemande ; cette disposition que toutes leurs chansons nationales célèbrent, comme si cette vertu n'était qu'à eux, l'école la cultive précisément par le chant. « Dans l'enseignement du chant, on fait alterner les cantiques et les chansons populaires. Le but est que chaque écolier puisse chanter avec justesse et sûreté, non seulement en chœur, mais seul, et qu'en sortant de l'école, il soit en solide possession d'un nombre suffisant de cantiques et de chants populaires et pénétré autant que possible du texte de ces derniers (1). »

Je ne puis affirmer que chaque enfant, au sortir de l'école, soit vraiment en état de bien chanter seul ; il faut, pour y réussir, des dons naturels qu'aucune mesure administrative ne peut créer. Mais si l'organisation de l'enseignement musical n'a pas tout pouvoir sur les individus, elle peut obtenir des ensembles satisfaisants dans chaque école, dans chaque classe même, et c'est là un des résultats les plus pleinement et les plus incontestablement acquis en Allemagne.

L'enseignement de la musique dans l'enseignement primaire y est presque contemporain de l'enseignement primaire lui-même. Celui-ci n'a commencé en effet de se développer que par ses relations étroites avec l'Église réformée, et Luther avait dit, comme on sait, avec sa verdeur habituelle : « Je ne fais aucun cas d'un maître d'école qui ne sait pas la musique. » Le chant d'église ou cantique, appelé en allemand *choral*, tient encore une place importante sur le programme que nous venons de voir. Il est relativement facile à exécuter, car il ne comporte jamais qu'une seule partie. Les chants populaires en ont au contraire deux ou trois. Ce dernier cas est rare, et je ne l'ai constaté que dans les écoles les plus complètes de Berlin. De bons pédagogues proscrivent cette musique trop compliquée et ne veulent pas entendre plus de deux parties à la fois (2). C'est la forme du chant que j'ai rencontrée partout, dans toutes les écoles, en Prusse comme en Saxe, en ville et à la campagne. Et partout j'ai été frappé de la justesse et de l'entrain

1. *Allgemeine Bestimmungen* du 15 oct. 1872.
2. Kehr, *Praxis der Volkschule*, p. 347.

avec lequel les enfants chantaient, même sans accompagne-
ment. Il est aisé de se convaincre qu'il ne s'agit pas là de
morceaux d'apparat, appris sans intelligence et destinés à
étonner une fois par hasard les profanes. Le répertoire est
en effet fort étendu, et si vous paraissez prendre plaisir à
écouter, on prend visiblement tant de plaisir à vous donner
un concert, qu'il ne dépend que de vous de le faire durer
longtemps. Les recueils de mélodies destinées aux écoles
sont nombreux, mais se rencontrent nécessairement sur un
certain nombre de sujets. Leur programme commun, le
principe qui en dirige les choix, c'est qu'ils doivent embrasser toute la vie de l'enfant, en dehors aussi bien qu'au
dedans de l'école (1). La plupart comprennent donc des
chants sur les différents aspects de la nature, les saisons,
les principales époques de l'année, la forêt, le fleuve et
ordinairement le Rhin, que les Allemands appellent « le
Père » et auquel la nation a voué une sorte de culte idolâ-
trique et mystique ; on y voit aussi différentes chansons
patriotiques dont les unes sont traditionnelles, dont les autres sont faites en l'honneur du roi, de l'empereur, de la
province où l'école est située ; il y a encore des hymnes au
Seigneur, des chœurs de chasseurs, de voyageurs, de jeunes
gens, etc., et même des chansons pour la gymnastique.

Pour atteindre un résultat aussi élevé et aussi général, il
est nécessaire que les instituteurs aient une bonne éducation musicale et que chacun d'eux constitue un chef d'orchestre passable dans le petit cercle qu'il a à diriger. Pour
réaliser ces conditions, on exige d'abord certaines connaissances musicales assez étendues des candidats aux écoles
normales primaires. Chacun d'eux doit posséder par cœur
vingt mélodies parmi les chants d'église ou les meilleures

---

1. Kahle ,*Grundzüge...*, 2e partie, p. 163.

chansons populaires. Il doit pouvoir chanter à première vue
et déchiffrer de même au piano des morceaux faciles. Le
violon est le véritable instrument de l'enseignement musical. Seul, il permet d'avoir les élèves sous les yeux, pendant l'apprentissage et l'essai d'exécution d'un chant ; l'ar-
chet est tout placé dans la main pour se transformer en
bâton de chef d'orchestre pendant les passages qui veulent
être soutenus par le geste du maître et il s'abat de nouveau
sur les cordes de l'instrument, dès que les voix ont besoin
d'être ramenées dans le ton. Le candidat à l'école normale
primaire doit être capable de jouer un peu du violon. Il
doit avoir quelques connaissances élémentaires dans la théorie de la musique et de l'harmonie ; et comme, la plupart du
temps, il est destiné à tenir l'orgue plus tard dans l'église
de son village, cet instrument ne doit pas non plus lui être
étranger. Dans l'école normale elle-même, ces premières
connaissances sont reprises, suivant un programme étendu.
Il est tenu compte sans doute des aptitudes personnelles de
chaque élève : mais ceux qui sont le mieux doués doivent
être mis en état de jouer au piano les sonates de Mozart, de
Beethoven, de Haydn, et je sais par expérience que, dans
certains cas, ce désir de l'administration ne demeure pas
inaccompli. L'étude de l'orgue, du violon et de l'harmonie
y est développée en proportion. Le futur instituteur apprend
même qu'elle est la structure de l'orgue, quels sont les
soins à lui donner, et son éducation théorique s'étend à
l'histoire de la musique. Celle-ci occupe au surplus, dans la
vie allemande, publique ou sociale, une place tout à fait
considérable. L'enseignement dont elle est l'objet à l'école
primaire est tout à la fois un effet et une cause de la prédilection qu'on a pour elle partout. Si l'on veut bien considérer le long temps depuis lequel l'école encourage et fortifie
le goût naturel de la musique en Allemagne et le condense

pour ainsi dire dans des œuvres obligatoirement sues par cœur, on mesurera à quel point l'école a contribué à faire une vérité de ces mots : « les Allemands sont un peuple qui chante. »

Comme je venais une fois visiter une école primaire, on m'introduisit d'abord dans un bâtiment couvert d'où j'entendais venir de fort jolies voix : c'était une division de jeunes filles qui avait leçon de gymnastique. Elles étaient placées par rang de taille et formaient d'abord une longue file qui marchait parfaitement au pas. Puis elles doublaient les rangs et se donnaient les mains deux à deux en les croisant. Le coup d'œil était fort gracieux. Sur un ordre de la maîtresse, qui commandait d'un ton fort bas et fort tranquille et suivait les exercices, un ouvrage à la main, toute la colonne exécutait, de deux en deux ou de quatre en quatre pas, un mouvement cadencé du cou-de-pied, ou un léger saut, ou une flexion, ou s'avançait à gauche, à droite, puis en avant : marche ponctuée par le bruit régulier de tous les pieds touchant en même temps le parquet et comme rythmée par ses balancements et ses va-et-vient continuels. Ainsi serpentait tout ce long cordon de jeunes filles, des plus petites aux plus grandes ; puis tout à coup, elles étaient quatre de front, dédoublaient de nouveau les rangs, faisaient face à gauche, à droite, pivotaient, prenaient des distances, exécutaient des mouvements des bras, des jambes, tête gauche, tête droite ; puis subitement elles se prenaient par les mains et formaient des rondes et chantaient. C'était comme une sorte de canon que chaque ronde entamait successivement ; pendant un instant, toutes les voix résonnaient à la fois, puis chaque ronde s'éteignait tour à tour, jusqu'à la dernière, laissant vraiment à l'âme une impression profonde et ravissante.

Cependant l'enseignement de la gymnastique, d'après les « Dispositions générales », n'est pas obligatoire pour les filles. Si on pousse si loin un enseignement qui est facultatif pour leur sexe, on peut imaginer aisément quels soins on donne et quelle importance on attache à la gymnastique des garçons. M. de Gossler, le ministre actuel de l'Instruction publique en Prusse, favorise d'une façon toute spéciale cet enseignement.

On y distingue deux grandes catégories d'exercices : les exercices d'ordre, les exercices aux agrès. Les premiers sont extrêmement développés par rapport aux seconds ; et les seconds mêmes, qui sont bien connus chez nous, prennent moins en Allemagne le caractère de tours de force acrobatiques, accessibles seulement au petit nombre. Ici encore, la pédagogie allemande cherche à ne point rompre l'unité du tout, et les exercices d'ordre se proposent expressément de former avec la jeunesse des ensembles disciplinés, cohérents, attentifs, obéissants, mobiles.

Ces exercices constituent une préparation directe à l'état militaire. Beaucoup d'allemands remarquent avec aigreur que nous avons organisé chez nous des bataillons scolaires et les journaux en prennent texte pour nous accuser de ne respirer que « la revanche » ; il semblerait qu'à peine un petit Français peut-il se tenir sur ses jambes, nous ne songions qu'à lui mettre un fusil entre les bras en lui faisant prononcer contre nos voisins le serment d'Annibal. Mais personne n'ignore chez eux que l'école donne un enseignement gymnastique par où elle est, pourrait-on dire, l'école du soldat. Leurs publications sérieuses en font moins un mystère qu'un titre de gloire. « Sur ce terrain, dit Sander[1] l'école et l'armée travaillent la main dans la main. » Et qui

<hr>

1. *Lexicon der Pädagogik*, art. *Turnen*, p. 488.

pourrait dire ce que l'armée doit de discipline, de régularité, de précision dans les mouvements à ce fait que les femmes mêmes ont appris à marcher et à évoluer comme des soldats ? La gymnastique a pris en Prusse, après Iéna, l'incomparable élan qui lui a conquis l'école et qui a couvert le sol de l'Allemagne de sociétés toutes patriotiques et à demi militaires. Jahn eut la guerre comme inspiratrice immédiate et comme but prochain. Enfin, la dernière innovation importante dans la pédagogie de la gymnastique est celle du Wurtembergeois Jäger. Il donne aux enfants de lourds bâtons, qui jouent à peu près le même rôle que de petits fusils. Le but avoué est de préparer les jeunes garçons à devenir des défenseurs de la patrie (1).

J'ai vu ce système appliqué à Berlin dans une jolie fête de gymnastique que nous appellerions une revue ou un festival. A la fin du semestre ou de l'année scolaire, tous les enfants des écoles publiques d'un même cercle sont réunis dans une de ces salles immenses de gymnastique, qui sont une des fiertés de la ville. Les parents, un nombreux public est convoqué et occupe les galeries de la salle. Les bustes de l'empereur et du prince impérial sont couronnés de laurier, et une multitude de drapeaux sont suspendus partout. Les enfants entrent, tambour en tête, se déploient, se divisent en escouades sous la conduite de moniteurs et obéissent aux ordres d'ensemble criés militairement par un commandant général. Les mouvements identiques des divisions multiples se mêlant sans se confondre et animées d'une agitation bien réglée, en un mot ce fourmillement organisé offre à vol d'oiseau un coup d'œil fort agréable et assez impressionnant ; la gymnastique donne aux habitants et aux enfants de tout le quartier une véritable fête, dans le meilleur sens du mot.

1. Kahlo, *Grundzüge...* 2e partie, p. 177.

Un des avantages de la prépondérance des exercices d'ordre sur les tours de force, c'est de permettre à tout instituteur et même à toute institutrice de devenir dans ces limites un bon maître de gymnastique. A cet effet, il y a à Berlin, sur les terrains de l'école normale primaire, un « établissement pour la préparation des maîtres de gymnastique » (*Turnlehrerbildungsanstalt*). On y fait tous les ans pendant l'hiver un cours de six mois pour les instituteurs, et pendant l'été un cours de trois mois pour les institutrices qui désirent obtenir un brevet spécial pour cet enseignement (1 . Après avoir suivi le cours, les candidats passent l'examen devant une commission composée de professeurs de cet établissement, d'un professeur d'anatomie et d'un membre désigné par le ministre de l'instruction publique. L'examen est théorique et pratique. L'épreuve théorique est successivement écrite et orale. L'épreuve écrite se compose d'un devoir dont le sujet est emprunté au domaine de la gymnastique. L'épreuve orale embrasse l'histoire, la méthode, la littérature, le langage de la gymnastique ; la description des agrès ; la connaissance du corps humain d'après sa construction et les manifestations de sa vie : le squelette comme appareil de mouvement, les articulations, les muscles, la peau et ses fonctions, le cœur, le sang, la lymphe, les poumons et la respiration, le système nerveux sensoriel et moteur, la digestion ; le candidat doit connaître encore les règles de l'hygiène et les premiers soins à donner en cas d'accident. Dans le cas où il n'est pas instituteur, il est interrogé sur les principes de l'éducation et de l'enseignement. L'épreuve pratique se divise en deux parties : une épreuve personnelle de gymnastique et une leçon d'essai. Il y a un

1. Sander, *Lexicon der Pädag.* art. *Turnkurse*, le *Centralblatt* de 1881, p. 667, et la Circulaire du 15 mars 1877 dans le *Centralblatt* de 1877, p. 146.

examen spécial pour obtenir un brevet de professeur de natation (1). Le programme qui concerne les institutrices, quoique un peu moins développé, est le même dans ses traits essentiels (2). En province, on organise pour les instituteurs des cours qui ont le même but, mais qui ne durent qu'un mois (3).

Un dernier mot sur la tenue intérieure de l'école. Quels sont les moyens d'action de l'instituteur sur ses élèves? De quelles récompenses et de quelles punitions dispose-t-il? — Il ne donne pas de récompenses ; ou du moins, il n'y en a pas d'officiellement admises. Les pédagogues prétendent que l'élève ne fait que son devoir en travaillant bien et qu'il ne mérite par là aucun avantage. Quelques-uns ont proposé de mettre de temps à autre des notes favorables ou élogieuses dans le cahier de correspondance des meilleurs élèves ; mais l'avis qui prévaut, c'est qu'il n'en faut rien faire, parce que ce système est propre à développer la vanité. Quant aux punitions, elles sont de trois sortes : celles qui s'adressent à l'amour-propre, celles qui restreignent la liberté et enfin les châtiments corporels. Toutes doivent être employées avec modération, sous peine de devenir plus dangereuses qu'utiles. Ainsi le « banc des ânes » est proscrit ; mais j'ai vu des élèves, séparés pour un temps de leurs camarades, se tenir debout au milieu de la classe, etc., etc... On peut retenir les élèves après que la leçon est terminée, mais les pensums risquent de les surcharger et de provoquer un travail hâtif et superficiel. Enfin, quand il faut en

1. Ordonnance de M. de Puttkammer, ministre, etc., du 10 sept. 1880, voy. *Heymann'sche Prüfungs-Reglement.* N 2. 8. à Berlin, chez Carl.; Heymann. 6ᵉ édit. 1883, p. 97.

2. Ordonnance de M. Sydow, ministre, etc., du 21 août 1875, dans le même recueil, p. 100.

3. Sander. *Lex. der Pädag.*, art. *Turnkurse.*

venir aux châtiments corporels, les Allemands, tout en prescrivant des précautions et des intentions « paternelles », pensent qu'il faut les appliquer de manière à laisser une douleur sensible ; sans quoi, ce ne serait pas la peine de s'en servir. Il est recommandé avant tout à l'instituteur de ne pas annoncer d'avance que tel acte répréhensible est passif de telle punition, afin de ne pas s'enchaîner lui-même et de garder sa pleine liberté d'action dans chaque cas. Les Allemands n'admettent pas que des peines et des récompenses soient fixées préalablement, de manière que l'enfant, en se mouvant sous leur atteinte, s'attire en quelque sorte administrativement la conséquence de ses actes. Ils ne veulent pas que le sort de l'élève résulte de l'organisation législative de l'école, mais que le législateur perpétuel y soit l'instituteur. Tout tend à faire vraiment de lui le maître de l'école et le point d'appui de son autorité est placé exclusivement dans son action personnelle. Dans les meilleures classes, l'entraînement de la leçon est souvent tel, que l'excitation de l'enseignement tient lieu de tout le reste. Mais souvent il est permis de trouver que la discipline est rude, un peu brutale et que la taloche y joue un trop grand rôle. Le bâton n'a pas entièrement disparu. Les Allemands sont d'ailleurs, à tous ces égards, infiniment moins délicats et sensibles que nous et n'attachent pas autant d'importance aux coups. D'autre part, j'ai vu dans certaines écoles des cas d'abandon et de laisser-aller.

Comme il n'y a pas de récompenses, il n'y a pas de distributions de prix. Elles sont remplacées par des examens publics qui ont lieu à la fin de chaque semestre. Y est invité qui veut et particulièrement les parents des élèves. Les autorités scolaires y sont présentes. Dans les grandes et belles écoles des villes, l'examen a lieu dans la salle des actes, ou *aula* de l'école ; chaque classe y est amenée à son tour par son instituteur ou son institutrice. Les autorités sont assises à une grande table verte, les assistants prennent place de côté, sur des bancs et des chaises. Chaque division a leçon à son tour, suivant l'ordre d'un programme qui est distribué au public, et se retire pour faire place à la suivante. Dans les modestes écoles de village, les autorités se groupent autour de la chaire sur quelques chaises, et les braves gens, paysans ou paysannes, ces dernières souvent avec leur tricot, s'asseyent et se pressent sur les derniers bancs de l'école. Les travaux à l'aiguille sont exposés sur une table, tous les cahiers sont rassemblés pour qu'on puisse les feuilleter, apprécier les devoirs des élèves et l'exactitude du maître à les corriger. Celui-ci a reçu vingt-quatre heures à l'avance le sujet de sa leçon ; il a ses élèves ordinaires ; il est donc placé dans les conditions habituelles de son enseignement. Le public s'intéresse surtout aux enfants et il admire volontiers leur savoir et leurs réponses. Quant aux autorités scolaires et aux instituteurs, leur attention et leur critique se portent moins sur les élèves que sur le maître. Il y a, après l'épreuve, une appréciation toute privée de la leçon par le directeur de l'école ou l'inspecteur du district, en présence du personnel enseignant seulement. Enfin, un rapport est fait et les notes qui sont données à l'instituteur sur sa méthode et l'état de sa classe vont prendre une place toute naturelle dans son dossier. L'effet de ces examens est surtout moral. Ils ont pour but d'intéresser le public à l'école, de stimuler le maître et les élèves et de provoquer un jugement éclairé de l'instituteur par ses supérieurs immédiats.

CHAPITRE VI

L'ÉCOLE MOYENNE ET L'ÉCOLE DE PERFECTIONNEMENT

(Mittel und Fortbildungschule)

Les origines de l'école moyenne. — Son plan: — Son nom et son
caractère. — Son trait distinctif.
L'école de perfectionnement. — Ses deux formes : — en Saxe ; — à
Berlin. — Détails sur une école du soir.

En dehors et à côté de l'école primaire, les circonstances
ont produit en Allemagne d'autres écoles, non populaires,
où les familles de la petite bourgeoisie et de la classe moyenne
envoient leurs enfants. Elles portaient jadis différents noms :
écoles bourgeoises, moyennes, rectorales, écoles supérieures
de garçons ou écoles supérieures de ville ; tous ces noms,
elles les ont officiellement gardés partout ailleurs qu'en
Prusse, et là-même l'usage les leur conserve encore. Cependant M. Falk, pendant son ministère, a essayé de mettre un
peu d'ordre dans cette diversité excessive et, sans effacer
les différences, de faire graviter toutes ces institutions vers
un type et un but communs. Il a publié pour elles un plan
modèle ou normal et leur a donné le nom général d'*Ecole
moyenne.*

Cette réorganisation administrative fut provoquée par un
mémoire du docteur Friedrich Hofmann, conseiller scolaire

de la ville de Berlin. Celui-ci avait été frappé de ce fait, que l'école primaire ne gardait ses élèves que jusqu'à l'âge de douze ou de quatorze ans et que les établissements d'enseignement secondaire ne relâchaient pas utilement les leurs avant dix-huit ans accomplis. Or il avait pensé que bien des familles, qui ne peuvent faire aux gymnases de si longs et si importants sacrifices, verraient volontiers leurs enfants poursuivre leurs études au delà des six classes de l'école primaire ; qu'il y avait place par conséquent pour un enseignement dont les cours prendraient fin entre ces deux limites et que la date précise était tout naturellement marquée par la confirmation, qui est reçue à l'âge de quinze ans environ dans les pays protestants. Il avait en conséquence préparé un programme de neuf années de cours, qui prenait les enfants à six ans, comme l'école primaire, et les occupait jusqu'à quinze ans accomplis (1).

A l'épreuve, cette conception rencontra de vives difficultés à cause d'une circonstance qui influe en Allemagne sur toute organisation pédagogique, sans être du même ordre : c'est le volontariat d'un an. Le droit d'y être admis résulte, dans ce pays, non pas d'un examen spécial, mais d'un diplôme d'études délivré par les établissements auxquels ce pouvoir est reconnu. S'il vient d'un « gymnase » ou lycée, le volontaire d'un an doit être au moins en possession d'un certificat attestant qu'il a satisfait aux examens de sortie de la seconde. Attacher les mêmes privilèges au certificat de sortie de l'école moyenne, c'était dépeupler en grande partie les classes du gymnase (2), et si l'auteur du projet voyait avec joie cet établissement supérieur débarrassé par là d'un poids mort qu'il considérait comme funeste à la fois à l'insti-

1. Schneider, *Volkschulwesen*, etc., p. 90-91 et 120.
2. Schneider, *Volkschulwesen...*, p. 93-94.

tution et aux élèves, il est probable que d'autres pédagogues eurent d'excellentes raisons pour n'être pas de son avis. On ne voulut pas admettre l'équivalence d'instruction entre l'école moyenne projetée et les classes du gymnase jusqu'à la seconde. On craignit d'abaisser le niveau de l'intelligence des officiers de réserve, recrutés parmi les volontaires d'un an (1), et peut-être eut-on peur aussi d'ouvrir trop largement les portes du volontariat, d'y appeler par suite un courant trop fort de jeunes gens et de l'encombrer.

Cette porte de sortie essentielle lui étant fermée, l'école moyenne à neuf classes cessait d'être une organisation vivace. Plutôt que d'y maintenir leurs enfants sans but pratique, la plupart des familles préféreraient les retirer ; le plus petit nombre de celles qui visent à la conquête du volontariat d'un an n'auraient pas le choix et devraient nécessairement s'adresser à un gymnase.

Dans ces conditions, l'école moyenne ne pouvait que rester à peu près ce qu'elle avait été jusqu'alors sous ses divers noms, un enseignement primaire un peu plus développé que l'autre, ne contenant pas en lui-même un degré de culture beaucoup plus élevé et ne se déroulant pas parallèlement à l'enseignement secondaire ; capable de lui servir tout au plus, dans certains cas, de vestibule et de préparation. On dut se contenter de tracer le plan d'un cours de six années, comme pour l'école primaire, et le cours de neuf années préparé par le docteur Hofmann ne représente plus guère qu'une conception pédagogique.

Voici le plan d'études minimum d'une école moyenne à six classes, d'après le tableau officiel (2) :

1. Schneider, *Volkschulwesen...*, p. 97.
2. Schneider, *Volkschulwesen...*, p. 119. Les chiffres les plus bas sont ceux des hautes classes, et inversement.

Objets d'enseignement	I	II	III	IV	V	VI
Religion. . . . . . , . . .	2	2	2	3	3	3
Allemand { écriture . . . / lecture. . . .	4	6	8	12	12	12
Calcul.	3	3	3	5	5	5
Géométrie	3	2	2			
Histoire naturelle. . . .	2	2	2			
Physique (chimie) . . .	3	2				
Géographie.	2	2	2	2		
Histoire.	2	2	2			
Français	5	5	5			
Dessin	2	2	2	2		
Chant.	2	2	2	2	2	2
Gymnastique	2	2	2	2	2	2
Nombre d'heures par semaine.	32	32	32	28	24	24

Ce qui frappe immédiatement, à l'inspection de ce plan,
c'est sa ressemblance avec celui d'une école primaire complète. Les objets d'enseignement y sont tous les mêmes, à
une exception près. Seulement les instructions ministérielles qui les concernent, entrent dans des détails explicites
sur la marche à suivre dans chaque classe et elles prescrivent que le matériel d'enseignement réponde à toutes les
exigences. Je n'analyserai pas ce document, car les observations que j'ai faites à propos de l'école primaire s'appliquent tout aussi bien, la plupart du temps, à l'école moyenne.
La quasi-identité des deux institutions ressort clairement de
ce fait, que le ministre autorise l'école primaire complète à
travailler dans ses classes supérieures d'après le plan d'études de l'école moyenne (1).

Celle-ci ne mérite donc son nom qu'autant qu'on ne le
prend pas dans un sens étroit et précis. On pourrait supposer qu'il s'agit d'une institution occupant uniquement la

1. Circulaire du 19 mars 1873. *Centralblatt* de 1873, p. 231-232.

région moyenne comprise entre le point où finit l'enseignement primaire et celui où commence le gymnase, d'un cours
intermédiaire entre les études élémentaires de l'enfant et
celles de l'adolescent. Cette région, l'école moyenne tâche,
en effet, de s'y étendre ; mais la plus grande partie de son
domaine est l'enseignement primaire lui-même. Elle s'efforce
de conduire son élève jusqu'au seuil des études de l'adoles-
cence, mais son premier devoir et ce qui reste le plus clair
de sa tâche, c'est de l'accueillir tout enfant, dès l'âge de six
ans où la loi le lui amène. Si malgré ce développement surtout élémentaire, on l'appelle encore moyenne, c'est qu'elle
représente une conception pédagogique moyenne entre l'enseignement primaire renfermé en lui-même et l'enseignement
secondaire strictement limité par en bas. Elle comble tant
bien que mal la lacune laissée entre eux et rejoint de son
mieux le second, mais ce n'est qu'après avoir absorbé complètement le premier. Plutôt qu'école moyenne, on serait
tenté de la nommer : école des classes moyennes. Ce sont
elles qui l'ont faite et c'est la nature qui avait parlé, quand
on lui avait donné le titre d'école bourgeoise. Son caractère
distinctif, si on considère les éléments sociaux qu'elle renferme, c'est d'avoir la clientèle de la bourgeoisie. Le sentiment de l'égalité n'existe guère en Allemagne, et les familles
qui peuvent payer aisément un prix d'écolage supérieur à
celui de l'école populaire ont instinctivement séparé leurs
enfants de ceux des prolétaires et des pauvres. Le ministre
dit lui-même (1) qu'il a eu en vue la classe moyenne en
s'occupant de l'école moyenne.

Quant à son caractère distinctif extérieur, c'est de comporter l'enseignement d'une langue autre que l'allemand. Ce
trait essentiel la fait discerner à première vue parmi les

1. Même circulaire, *ibid*.

écoles primaires, auxquelles elle ressemble si parfaitement sous tant d'autres rapports. Sur le plan modèle, cette langue est le français. On y ajoute l'anglais, quand cela est possible. Mais l'étude de l'une des deux langues au moins est obligatoire (1). Quand on ne peut enseigner que l'une d'elles, l'anglais prend le pas seulement dans des circonstances et par des motifs tout exceptionnels (2). Les Allemands ne lui accordent pas beaucoup de valeur pédagogique et ils en reconnaissent, au contraire, une grande au français. Le résultat qu'on se propose est marqué en ces termes : une prononciation correcte, une orthographe sûre, la capacité de lire de la prose facile couramment et sans dictionnaire, d'écrire convenablement une lettre et de se tirer d'affaire dans les relations ordinaires de la vie. Si l'école a plus de six classes, l'élève doit aborder les poètes, l'histoire de la littérature, et atteindre une sûreté plus grande encore dans la conversation et la correspondance. Ce but est élevé, mais on ne l'atteint pas. Enfin l'école moyenne enseigne souvent les éléments du latin à ses élèves ; elle cherche à leur faciliter par là l'entrée dans les gymnases. L'administration n'a pas le désir de supprimer toutes les variétés d'écoles moyennes et de les étendre toutes mécaniquement sur le lit de Procuste d'un plan unique. Elle admet que, dans un centre agricole de la Poméranie, les besoins locaux peuvent provoquer des arrangements autres que dans un district où règne l'industrie du fer ou de la laine (3).

1. Schneider, *Volksschulwesen...*, p. 116.
2. *Ibid.*, p. 96.
3. *Ibid.*, p. 99. — De tout ce qui précède, il ressort qu'il ne faudrait pas faire une assimilation trop complète entre l'école moyenne et notre enseignement primaire supérieur. Celui-ci, tel qu'il a été organisé par le décret du 15 janvier 1881 (voy. Pichard, *Code de l'instruction primaire*, chez Hachette, 1882, p. 362), comporte tout simplement une ou deux années d'études continuant

Aucun partisan décidé de l'instruction populaire n'imagine qu'on ait assez fait pour elle et qu'on lui ait donné des organes suffisants, quand on l'a dotée de bonnes écoles primaires. Celles-ci ne reçoivent que les enfants et elles les renvoient bientôt ; et combien de choses doivent-elles s'interdire de mettre sur leur programme, sous peine de mal étreindre les objets trop étendus qu'elles voudraient embrasser ! Elles provoquent donc plutôt qu'elles n'excluent d'autres formes d'enseignement. Elles appellent, comme un complément même de leur œuvre, des cours qui empêchent cette œuvre de s'effacer, l'affermissent où elle a réussi, la reprennent où elle a échoué, en un mot qui la continuent. D'autre part, la place reste libre à des enseignements nouveaux, en rapport avec les besoins intellectuels et industriels de chaque milieu.

De là deux ordres de cours que prévoit la circulaire de M. Falk, relative à l'organisation des écoles de perfectionnement : les uns, formant la division inférieure, doivent reprendre toutes les matières de l'école primaire, à l'exception de la religion ; les autres, formant la division supérieure, doivent varier suivant l'industrie des divers pays et avoir trait aux métiers qu'on y exerce (1).

Ces deux ordres de cours peuvent subsister indépendamment, chacun de son côté. On conçoit une organisation qui ne se propose que de faire des hommes, en complétant l'instruction primaire. On en conçoit une autre qui n'ait pour but que de préparer de bons ouvriers à l'activité industrielle et commerciale d'une région. Ces deux conceptions de

celles de l'école. Il n'y est question d'aucune autre langue que le français. C'est moins la conception d'une « école bourgeoise » que d'une école de perfectionnement.

1. Circulaire du 14 juillet 1884 ; Schneider, *Volkschulwesen*,... p. 293.

l'école de perfectionnement ont toutefois une tendance si évidente à se compléter l'une l'autre, que leur réunion sous un même titre est jusqu'à un certain point justifiée. On peut dire seulement que la forme de cette école,où prédomine la continuation de l'enseignement primaire, est d'utilité générale et convient à tous les pays ; celle où prédominent les cours pratiques est nécessairement subordonnée à des circonstances particulières.

Sous sa première forme, l'école de perfectionnement a trouvé des protecteurs plus empressés dans les petits Etats de l'Allemagne que dans la Prusse même. La Saxe, le duché de Bade, la Hesse, les principautés de Saxe-Weimar, de Saxe-Gotha, de Saxe-Meiningen, etc., ont décrété pour elle l'obligation (1). La Saxe, par exemple, étend cette obligation de quatorze à dix-sept ans (2). Les cours doivent durer de deux à six heures par semaine, et ils ont lieu le dimanche ou le soir des jours ouvrables (3). Ils ont pour objet exprès le développement de la culture générale acquise à l'école primaire (4). Ils peuvent être unis, il est vrai, avec un enseignement industriel, agricole, commercial ; mais ils constituent la partie essentielle, indispensable du programme ; le reste n'en est que la partie accidentelle (5).

Sous sa seconde forme, c'est-à-dire conçue comme un ensemble de cours surtout pratiques, l'école de perfectionnement a son terrain naturel dans les villes ; et plus les villes sont grandes, populeuses, commerçantes, industrielles, plus il semble que cette institution y trouve de raisons d'être et de prospérer. Ce que Berlin offre en ce genre

1. Sander, *Lexicon der Pädagogik*, art. *Fortbildungschulen*.
2. *Jurist-Handbibliotek*, Band 28, à Dresde, chez Meinhold, 1882, p. 27.
3. *Ibid*, p. 89.
4. *Ibid*, p. 89, 175, 437-444.
5. *Ibid*, p. 90.

est digne de tout intérêt. Il a huit écoles de perfectionnement ; mais la plus nombreuse est celle que M. le recteur
Paulick a fondée en 1877 et par laquelle il a plus ou moins
donné, si je ne me trompe, le branle à toutes les autres.
M. Paulick est directeur d'un groupe scolaire et c'est dans
les bâtiments de ce groupe qu'ont lieu, le soir, les cours
d'adultes. Ceux-ci, à la vérité, ne peuvent pas s'asseoir dans
les petits bancs adaptés à la taille des enfants de six ans,
mais on se sert des hautes classes, de la salle des actes
(aula) et du bâtiment de gymnastique, où on fait le cours de
modelage. De 7 heures à 9 heures et demie, l'institution est
en pleine activité et tout est éclairé au gaz, comme dans
une usine pour le travail de nuit.

M. le recteur Paulick est un enthousiaste de son œuvre.
Petit, un peu gros, avec une figure toute militaire, les che-
veux ras et la moustache broussailleuse, il est d'un abord
assez calme, comme tous les Prussiens. Mais dès qu'on lui
parle de l'école de perfectionnement, il s'anime, se livre
davantage, et dans sa pupille extraordinairement petite
s'allume un rayon perçant que vient tempérer une larme,
à peine arrêtée au bord de la paupière. Avec l'école ainsi
entendue, il ne veut entreprendre rien de moins que d'assai-
nir l'Allemagne, régénérer la Russie, en extirper le nihilisme,
réconcilier tous les peuples. Il raconte comment il a dû, au
commencement, recruter lui-même ses élèves, aller les
chercher un à un dans les ateliers, les convaincre, les amener, les attacher. Aujourd'hui les plus hauts personnages
viennent à lui. Le prince impérial lui parle familièrement,
assiste longuement aux cours, distingue les meilleurs
ouvriers. Les grands-ducs de Russie l'ont visité. Il a vu dans
son école des représentants de tous les pays de la terre,
jusqu'à des Japonais ; et les chefs d'usine viennent lui
demander des plans pour leurs écoles du soir.

Quand l'heure sonne, on voit arriver de tous les quartiers
de Berlin, même des plus éloignés, des hommes de tous les
âges et de toutes les conditions. Patrons, ouvriers, appren-
tis, ils appartiennent à 126 professions différentes, forment
un total de 2.487 inscrits et viennent chercher un complément à l'instruction qu'ils ont reçue dans les établissements
les plus divers, gymnases, écoles réales, écoles industrielles,
écoles étrangères, écoles moyennes, écoles communales,
écoles de campagne. Ils prennent ensemble 5.011 inscriptions et leur zèle est si grand que les cas de présence sont
de 88 p. 100. Les cours d'enseignement primaire sont gra-
tuits, mais les autres coûtent 4 marcs par semestre. Ils
comprennent l'allemand, le français, l'anglais, le calcul, le
calcul technique, les mathématiques, le dessin (divisé en
dessin technique, dessin linéaire, dessin d'ornementation,
dessin d'après la bosse), le modelage, la tenue des livres, la
physique, soit en tout dix matières principales d'enseignement. Chacune, autant qu'elle le comporte, est l'objet d'un
cours inférieur, moyen et supérieur. Chaque cours à son
tour, quand le nombre des inscrits l'exige, est dédoublé et
divisé en classes distinctes, suivant l'âge et la force des élèves. L'allemand a 12 classes, le français 6, l'anglais 3, le
calcul 8, le calcul technique 4, les mathématiques 4. Sous
la rubrique commune de dessin technique, les ébénistes et
les faiseurs d'instruments forment une classe, les ferblantiers et les serruriers une autre, les ciseleurs, graveurs, etc.,
une troisième. Le dessin donne en tout 20 classes. Le modelage donne 4 classes, dont 3 appartiennent aux sculpteurs
et aux ferblantiers, une aux ciseleurs et aux graveurs. La
tenue des livres fournit 6 classes, la physique 2. Il y en a
69 en tout. A la tête de ces 69 classes sont 56 professeurs
payés en partie par le produit des 5.011 inscriptions, en
partie par des subventions publiques ou privées. Parmi eux,

28 ont fait leurs études académiques, c'est-à-dire sont anciens élèves des Universités. Les leçons de dessin et de modelage sont données par quelques-uns des premiers artistes de Berlin. A l'école est joint un bureau de placement, qui rend les plus grands services aux adhérents et qui est pour l'institution même une garantie de leur assiduité et de leur application. L'établissement se tient en rapports avec ses similaires, non seulement en Europe, mais en Amérique, et il donne à ses émigrants des certificats et des recommandations pour l'Autriche, pour la Belgique, pour Chicago, etc., Ceux-ci, dès qu'ils arrivent, trouvent un centre analogue à celui qu'ils ont quitté, sont accueillis, aidés, pourvus d'ouvrage. Sortis de tous les corps de métiers, suivis ainsi jusqu'au bout du monde par une protection directe qui les relie à leur pays, et pénétrant dans les régions les plus commerciales de leur milieu nouveau, il n'y a pas de doute qu'ils contribuent pour leur part à donner aux affaires de l'Allemagne l'élan extraordinaire qu'elles prennent de jour en jour.

Voilà ce qu'a fait M. le recteur Paulick. On a vu plus haut ce qu'il dit. Il ne peut assez se louer de la marche et de l'importance de son école ; il est ému, touché du courage et de la bonne volonté de ces artisans qui, après une lourde journée de travail, font une longue route pour donner encore leur soirée à l'étude ; il est enchanté et fier de ses professeurs. Cependant, sur un point, la supériorité des Français le surprend. Il ne peut obtenir dans ses classes le dessin souple, élégant, plein d'imagination, qui distingue nos meilleurs ouvriers. Quand je l'ai vu, il se proposait de visiter nos écoles de Paris et de Lyon pour y étudier nos méthodes. Ce qu'il ne réussira pas, je l'espère, à transplanter sur les bords de la Sprée, c'est l'instinct artistique de nos Français.

CHAPITRE VII

PRÉPARATION PÉDAGOGIQUE DES MAITRES

Les écoles normales primaires, ou séminaires. — Leur recrutement
— Leur programme. — Ce qu'elles enseignent de pédagogie. —
Détails de l'organisation intérieure. — Examens divers des maîtres
dans l'ordre de l'enseignement primaire et moyen. — Zèle des instituteurs. — Leurs doléances.

Après avoir examiné les diverses formes de l'enseignement élémentaire, le moment est venu de rechercher comment on lui procure des maîtres.

Le recrutement des instituteurs se fait, en Prusse, par des
écoles normales primaires, qui portent le nom de séminaires. Les candidats doivent avoir dix-sept ans au moins et ne
peuvent en avoir plus de vingt-quatre. Comme les écoles
primaires comportent seulement six années de cours et
conservent tout au plus leurs élèves, ainsi que nous l'avons
dit, jusqu'à l'âge de quatorze ans, il y a entre l'école primaire et l'école normale primaire une lacune de trois années dont les inconvénients sont visibles.

En Saxe, on a résolument supprimé cette lacune. On
donne aux séminaires six années de cours, dont la première
fait immédiatement suite aux études de l'école, en sorte que
le séminaire reçoit directement la sève de l'enseignement
primaire, sans la laisser se perdre. Cette longue période
d'études les met toutes au large ; et on a pu ajouter sur le
programme, à celles qui sont nécessaires, celles qui sont le

luxe de l'instruction chez un instituteur. C'est ainsi que le séminaire saxon distribue chaque semaine, dans ses six classes, un total de 27 heures de leçons de latin obligatoires, et, pour trois classes, un total de 5 heures de leçons facultatives de sténographie (1).

Malgré l'éclat d'un tel exemple, la Prusse ne s'est pas décidée à faire un pas aussi décisif. Une telle organisation, si parfaite qu'elle paraisse, laisse place à quelques doutes sur son excellence. Elle est évidemment plus propre à assurer le recrutement du corps des instituteurs qu'à lui ménager exclusivement l'appoint des vocations réelles. Quelque forme que puisse avoir l'internat en Allemagne, on peut se demander s'il est bien convenable de prendre des enfants à quatorze ans et de ne les rendre au monde que six ans après, déjà instituteurs. Il semble que le jeune homme qui sollicite son internement à quinze ans, trois années après l'âge extrême où il soit permis de fréquenter l'école primaire, se fait une idée beaucoup plus exacte de la voie où il s'engage et arrête avec une décision beaucoup plus éclairée le choix de sa profession future. D'autre part, si le séminaire a six classes et que chaque promotion soit de 25 élèves, on se trouve en présence d'un total de 150 jeunes gens. Lorsque les classes sont dédoublées et accueillent des promotions plus nombreuses, ce qui arrive souvent, le total des élèves présents en même temps au séminaire devient considérable ; et j'ai vu des directeurs qui se plaignaient qu'en ce cas, ni leur influence, ni celle des professeurs ne fût suffisante, dans un genre d'établissements où l'action personnelle du maître sur chacun des élèves doit jouer un rôle si bienfaisant.

La Prusse n'a donc pu se résoudre à adopter sur ce point une organisation générale. Elle continue à demander le re-

1. Sender. *Lexic. d. Padagog.* art. *Seminar.*

crutement des séminaires à diverses sources. Parmi ces
établissements, quelques-uns ont pris le parti de s'étendre
du côté de l'école primaire par une école préparatoire qui,
en fait, répond assez exactement aux classes inférieures du
séminaire saxon. « L'enseignement y embrasse les mêmes
matières qu'au séminaire, à l'exception de la pédagogie et
des exercices pratiques (1). » En élevant, d'autre part, l'école
annexe au niveau d'une école moyenne qui peut avoir jusqu'à neuf classes, on arrive à combler, et au delà, le vide
constaté d'abord entre l'école et l'école normale. Tel est le
cas, par exemple, pour le séminaire royal d'instituteurs de la
ville de Berlin (2). Dans des milieux moins favorisés, l'école
moyenne, à elle seule, fournit un moyen de transition suffisant. Enfin les séminaires ne dédaignent pas d'accueillir, et
avec raison, ce me semble, les candidats qui n'ont pu ou
voulu compter que sur leurs efforts personnels, ou ceux qui,
nés à la campagne et ne pouvant s'éloigner de leur famille,
ont demandé à l'instituteur de leur pays, jusqu'au jour de
l'épreuve, les directions dont ils avaient besoin (3).

L'examen d'entrée a lieu devant le corps des professeurs
du séminaire, formé à cet effet en commission. Une première épreuve écrite est éliminatoire. La seconde épreuve
est orale. Elle porte sur les mêmes objets d'enseignement que le programme de l'école primaire. Le cercle des
questions est seulement un peu étendu. On demande au
candidat les éléments de la chimie. On a aussi, pour la musique, des exigences toutes particulières, que j'ai déjà eu l'oc-

<hr>

1. Schultze, *Nachrichten über das Königliche Seminar für Stadtschullehrer in Berlin*, à Berlin, chez Dreyer, 1881, p. 155.

2. *Ibid.*, particulièrement de 50 à 81, et de 147 à 157. Dans ce cas,
les inconvénients relatifs au grand nombre des élèves reparaissent
dans une certaine mesure.

3. Schneider, *Volkschulwesen...*, p. 131.

casion de signaler (1). La gymnastique n'est pas oubliée (2).

A l'intérieur du séminaire (3), je n'examinerai pas chacune des branches d'enseignement que présentent les cours. Nous y trouverions une fois de plus le programme de l'école primaire, le seul possible et celui que le bon sens indique comme devant être constamment repris, élargi et affermi. Le niveau seul peut en être relevé et les limites étendues : ni le fonds ni la forme n'en peuvent changer. Il va de soi, en effet, que l'école normale primaire doit apprendre à fond à ses élèves ce qu'ils auront à enseigner dans l'école primaire ; et les « Dispositions générales » ajoutent fort sagement : « L'enseignement que les séminaristes reçoivent, « doit être, dans sa forme, un modèle de celui qu'ils auront « plus tard à donner, comme instituteurs. »

De là les prescriptions suivantes : « Il faut exiger la cor« rection, aussi bien dans l'exposition du sujet par le maî« tre que dans sa reproduction orale ou écrite par l'écolier. « Il est également interdit et au maître de dicter, et au sé« minariste d'écrire pendant la leçon. Un court manuel doit, « autant que possible, servir de base à chaque objet d'en« seignement. Le maître donne partout, conjointement au « fonds, les secrets de la méthode et prépare ses élèves à « en faire l'application personnelle. Dans toutes les classes « et non seulement dans les classes d'allemand, les sé« minaristes sont exercés à reproduire d'une manière « libre et conséquente à la fois le savoir qu'ils se sont assi« milé ».

Le plan d'études offre cependant deux objets d'enseigne-

---

1. Voy. Chap. V.

2. V. les Disp. gén. du 15 oct. 1872, chapitre de la formation des instituteurs.

3. Pour toute la suite, voy. *ibid*, chap. de l'enseignement dans les séminaires : *Lehrordnung*.

ment que l'école primaire n'a pas : l'un est une langue étrangère. l'autre est la pédagogie.

Le premier n'est que facultatif. C'est la langue française qui, en règle générale, doit être choisie. Dans certains cas exceptionnels, on peut adopter l'anglais ou le latin. On ne permet cette étude qu'à ceux des élèves qui en possèdent déjà les éléments ou qui montrent des dispositions toutes particulières. Cet enseignement est distribué dans trois cours, dont les deux inférieurs reçoivent chacun trois heures de leçon par semaine et le supérieur deux heures. Les élèves y sont répartis d'après leur force, et non d'après leur année de promotion.

En pédagogie, les élèves de la troisième classe ont deux heures de leçon par semaine. Ils doivent, dans cette première année, apprendre ce qu'il y a d'essentiel dans l'histoire de cette science ; la biographie des hommes les plus remarquables, les périodes les plus mouvementées, les améliorations les plus intéressantes et les plus fécondes leur sont présentées en tableaux. On les initie en même temps aux œuvres principales de la littérature pédagogique, surtout depuis la Réformation. On y choisit des lectures, de manière à pouvoir y rattacher la discussion de quelque problème d'éducation. Il s'agit de mettre les élèves en état de comprendre par eux-mêmes ce qu'ils pourront lire par la suite dans cet ordre d'idées. Je copie brièvement les noms et les rubriques qui devront, après ces premières études, leur rappeler des époques ou des doctrines ; l'éducation chez les Grecs, à Sparte, à Athènes ; Socrate ; — opposition du principe chrétien et du. principe antique de l'éducation ; écoles de catéchètes, Augustin ;—Boniface, les écoles claustrales ; — Charlemagne, Alcuin, Rhabanus Maurus ; — les Croisades et la civilisation ; — Th. Platter ;— Luther ;—Trotzendorf ; — la guerre de Trente ans et son influence sur

l'état de l'instruction publique : Comenius ; — le piétis-
me, avec Spener et Francke ; — Rousseau et l'*Emile :* — les
philanthropistes, Salzmann et Campe-Rochow ; — Frédéric le
Grand ; — Pestalozzi : — Iahn, Harnisch, Dinter et Diesterweg.

Dans la seconde classe, deux heures de chaque semaine
sont encore attribuées à la pédagogie. Le but est maintenant d'apprendre la théorie de l'enseignement et de l'éducation. Pour cela, il y a quelques connaissances de logique
et de psychologie qui sont nécessaires ; mais elles ne doivent pas être présentées d'une manière abstraite et dogma-
tique. « L'enseignement prend une forme élémentaire ; il
« fait ressortir les lois et les phénomènes psychologiques
« d'une série d'observations analogues tirées du domaine
« d'expérience des élèves, et il joint immédiatement à cette
« connaissance des indications sur la manière de tirer parti
« du savoir théorique au point de vue de l'enseignement
« pratique. » Le programme comprend un cours sommaire
sur la distinction du corps, de l'âme et de l'esprit, les soins
du corps, les facultés de l'âme, les phénomènes de la sensibilité, les opérations de l'entendement, la vie du sentiment et de la volonté, le développement du cœur et de la
moralité. On passe ensuite à la théorie de l'enseignement ;
on en définit l'essence, on en détermine la matière, les
résultats formels et matériels. Quelles doivent être, dans
l'école, les formes de l'enseignement ? Comment le maître doit-il montrer, parler, questionner, diviser, expliquer, résumer, développer ? Que penser des leçons, des
exercices, des devoirs des élèves ? Quel est le rapport
de l'enseignement et de l'éducation ? Et celle-ci, à son
tour, comment le christianisme la conçoit-il ? Que doit-
elle à l'action personnelle du maître ? Quels sont, sur la
volonté, les effets de l'accoutumance, de la discipline, de
l'obéissance ?

Dans la première classe, deux heures par semaine, on expose l'histoire de l'école depuis 1848 et, par suite, toutes les particularités actuelles de la profession d'instituteur. Une troisième heure est employée aux exercices pratiques de l'élève dans l'école annexe. Un professeur assiste toujours à ces essais et l'élève discute avec lui, ainsi qu'avec le directeur, des questions intéressant l'enseignement et la discipline dans cette même école.

Telles sont les directions que reçoit l'élève. Mais on fait une large part à son initiative individuelle. La condition de tout effort et de tout progrès pour lui, c'est d'avoir à sa disposition une bonne bibliothèque. On s'efforce d'élever celle du séminaire à la hauteur de tous les besoins du personnel. Elle doit contenir les œuvres des auteurs classiques, des plus grands poètes et de quelques-uns des meilleurs parmi les écrivains contemporains ; les ouvrages originaux qui ont fait époque dans l'histoire de la pédagogie ; les publications modèles destinées à la jeunesse depuis un siècle environ ; enfin des exemplaires des livres de classe et de vulgarisation les plus répandus et les mieux faits. On donne aux séminaristes toute occasion et toute facilité de s'assembler par groupes ou de se réunir tous ensemble, soit pour des lectures en commun le dimanche soir, soit pour des exercices musicaux, soit qu'ils veuillent, dans des excursions botaniques, échanger et accroître mutuellement leurs connaissances. Détail assez curieux : une fois par mois au moins, l'enseignement est entièrement suspendu pendant un plein jour de semaine. On prétend par là donner exceptionnellement aux élèves le temps nécessaire à une occupation personnelle et suivie, et sous aucun prétexte les professeurs ne peuvent se permettre de restreindre, par des tâches extraordinaires la liberté de cette journée, qui doit être exempte de tout souci. Il n'y a pas de maîtres d'études

dans la maison. Un des professeurs exerce la surveillance
générale, et les plus âgés d'entre les élèves ont sur les plus
jeunes une sorte d'autorité qui les associe au maintien du
bon ordre. Il paraît que la discipline, nullement tracassière
d'ailleurs, est très bonne. Les élèves sortent librement tous
les jours de l'enceinte du séminaire.

A la fin de leur temps d'école, les séminaristes se présentent à un examen, dont une des épreuves consiste dans une
leçon d'essai. Mais, par une disposition assez singulière, ils
ne sont nommés ensuite qu'à titre provisoire (1). Après
deux ans au plus tôt, après cinq ans au plus tard, ils doivent
conquérir dans un second examen leur nomination définitive.
On veut vraisemblablement s'assurer, par ces dispositions,
que les cours de l'école normale ont laissé dans l'esprit de
l'instituteur des traces durables. Il remplit déjà depuis quelque temps sa place; on sait comment il s'acquitte des devoirs de sa profession et on juge sans doute qu'au moment
où les enseignements de la pratique sont venus se joindre
pour lui à ceux d'une éducation théorique encore fraîche,
il est au point de son développement intellectuel le plus favorable pour obtenir la consécration de ses titres. Le second
examen ne diffère pas sensiblement du premier; il comprend
des épreuves écrites sur des sujets de religion et de pédagogie, une leçon pratique et des questions orales. Lorsque les
candidats ont subi l'examen avec un succès particulier et
qu'ils ont reçu une bonne note pour l'une des langues facultatives, ils reçoivent le droit d'enseigner dans les classes
inférieures des écoles moyennes et des écoles supérieures
de filles.

1. Pour ceci et la suite, voy. les Disp. gén. du 15 oct. 1872, art. *Prüfungen der Volkschullehrer*.

Pour enseigner dans les classes supérieures de ces deux sortes d'écoles, il faut avoir passé un autre examen spécial (1). Ici les instituteurs n'ont pas à lutter seulement entre eux; les ecclésiastiques et les jeunes gens qu'on appelle candidats de théologie ou de philologie, c'est-à-dire ceux qui ont étudié pendant trois ans ces sciences à l'université, sont également admis à se présenter. La commission d'examen commence par indiquer au candidat un sujet qu'il a six semaines pour traiter; au bout de ce temps, il remet son travail, en y joignant l'assurance de n'avoir employé, pour le préparer, que des moyens légitimes. L'épreuve écrite comprend un devoir pédagogique, un thème et une version dans la langue pour laquelle le candidat veut se faire qualifier; l'usage du dictionnaire est autorisé; — enfin un devoir au choix en religion, en histoire, en mathématiques ou en physique. Il est donc permis jusqu'à un certain point de se spécialiser déjà, d'indiquer une préférence pour une branche d'enseignement; et cette indication n'est pas perdue plus tard pour les directeurs d'école, quand ils ont à répartir les divers enseignements entre les différents professeurs dont ils disposent. Il y a, comme dans les examens précédents, une épreuve pratique et une épreuve orale; on exige des connaissances détaillées et raisonnées dans l'histoire et la théorie de la pédagogie. En dehors de la langue étrangère qu'on doit savoir, il faut posséder les éléments du latin.

Un dernier examen est celui du rectorat (2). Il permet de devenir directeur de séminaire, professeur de séminaire, principal des établissements publics préparatoires aux séminaires, recteur d'école moyenne ou d'école supérieure de

---

1. Voy. Disp. gén., art. *Prüfungen der Lehrer an Mittelschulen.*
2. *Ibid.*, art. *Prüfungen der Rectoren.*

filles, directeur d'écoles privées ayant le caractère d'écoles moyennes ou d'écoles supérieures de filles. De longs services distingués ont pu seuls parfois tenir lieu de cette épreuve. Il faut, pour la subir, avoir surmonté la précédente ou être dispensé de cette condition préalable en vertu de mérites particuliers. Les candidats traitent en huit semaines un sujet de pédagogie, qu'ils reçoivent de la commission d'examen. A l'examen oral, ils sont encore interrogés sur cette science, qu'ils doivent connaître à fond.

Telles sont les portes qui s'ouvrent devant l'instituteur et qui lui permettent d'espérer l'amélioration de son sort ; tels sont les degrés où il lui est loisible de s'élever, dans la mesure de ses facultés et de son travail. D'autre part, on a créé un nombre assez considérable de places d'inspecteurs. L'inspection appartenait jadis de droit au clergé ; on en demande maintenant des éléments notables au corps enseignant lui-même, surtout dans les villes. Cette réforme offre au maître d'école la perspective d'un avancement mérité, l'empêche de se considérer comme enfermé dans son état et ajoute, dans bien des cas, un aiguillon à ses efforts personnels.

Pour ceux mêmes qui ne doivent pas s'élever au-dessus de leur condition modeste, il ne manque ni de raisons ni de moyens de se tenir en haleine. Dans les centres les plus populeux, on leur offre des cours de perfectionnement dont profitent d'abord ceux qui ont leur second examen à subir, mais auxquels beaucoup d'autres encore prennent une part très vive (1). En Saxe, l'instituteur qui a obtenu, à son second examen, la mention « très bien » peut être rapproché de

1. K. Schultze, *das Königliche Seminar...* Berlin, 1881 ; chap. Lehrcurse zur Fortbildung der Volkschullehrer, et, particulièrement, p. 1667. Le nombre des instituteurs inscrits au cours de perfectionnement dépasse 200.

Leipzig et autorisé à s'inscrire à l'Université, pour s'y préparer à devenir directeur ou professeur d'école bourgeoise (1).

Ce qui n'est pas moins important que ces détails d'organisation, c'est que l'enseignement primaire en Allemagne est animé d'un esprit de corps très actif et très vivant. Il a chaque année ses assises dans une des villes de l'empire, et bien que le résultat tangible de ces congrès soit la plupart du temps assez médiocre, ils ont une influence multiple et étendue (2). Accueillis solennellement dans des villes pavoisées qui leur offrent une série de fêtes, les instituteurs n'y prennent pas une mince idée de leur importance. Ils s'y sentent les coudes, s'encouragent par une longue suite de discours, de résolutions, de banquets et de toasts, à porter leur activité sur tous les points de l'enseignement qui la sollicitent ; ils apprennent à y connaître leurs représentants et leurs défenseurs les plus distingués, et toute cette agitation peut, à un moment donné, se tourner en un mouvement commun d'opinion et de volonté. Ces congrès sont une occasion naturelle, pour le comité d'organisation, d'ouvrir une exposition de matériel d'enseignement. Toutes les maisons de librairie et de commerce qui, sous une forme ou sous une autre, font des fournitures aux écoles, ne peuvent manquer d'y faire figurer leurs produits. Dès qu'un bon ouvrage a paru, dès qu'une innovation heureuse a été imaginée, elle trouve là une scène où se produire ; et plus d'un instituteur en emporte des renseignements utiles. Enfin les questions

1. V. *Jurist. Handbibliotek ;* Band 28, Dresden, chez Meinhodld ; Das Königliche sächsische Volkschulrecht, p. 375 à 378.
2. G. Jost, *Les Congrès des Instituteurs allemands,* Paris, chez Delagrave, 1880. J'ai assisté moi-même au Congrès de Brême, en 1883.

qui sont portées à l'ordre du jour fournissent d'avance un aliment et des sujets de discussion à la presse pédagogique de tout le pays.

Celle-ci, par le nombre de journaux qu'elle compte, est à la fois une preuve, une cause et un effet de la vie et du mouvement dont l'enseignement primaire est animé. Elle se composait, paraît-il, en 1881, de 117 gazettes (1). C'est là un excès évident et il y aurait tout profit à ce que bon nombre de ces publications insignifiantes disparussent. Elles n'empêchent point de vivre, d'ailleurs, quelques feuilles sérieuses qui rendent des services à la cause de l'instruction populaire. Cette multiplication des gazettes atteste l'ardeur avec laquelle le corps des instituteurs tout entier exerce ses fonctions et poursuit en même temps ses revendications professionnelles.

Les sujets de plainte ne manquent pas aux instituteurs. Une des questions qui leur tiennent le plus au cœur est celle du service militaire. Ils y sont soumis, comme tous les autres sujets de l'empire, mais ils ne sont envoyés que six semaines au régiment, ce qui est juste assez de temps pour en faire les plus pitoyables de tous les soldats. Leur traitement n'a pas le seul inconvénient d'être insuffisant; il n'est pas payé par l'Etat et ses sources varient suivant les mille caprices des coutumes locales, pour la plus grande confusion des comptes et la plus grande complication des payements. Les retraites, également servies par les communes et auxquelles l'Etat ne contribue que par des appoints, sont tout aussi mal réglées et donnent lieu aux réclamations les plus vives. D'une manière générale, les instituteurs poursuivent la promulgation d'une loi sur l'enseignement pri-

1. Sander, *Lexicon der Pädagogik*, art. *Pädagogische Presse*, p. 341.

maire, loi dont ils doivent absolument se passer jusqu'ici et qui organiserait à la fois l'avancement, la progression des traitements et le fonctionnement d'une caisse de retraites entre les mains de l'État. Sur ce point, tous les petits pays de l'Allemagne ont depuis longtemps devancé la Prusse. Le bienfait de cette loi fut un moment promis aux instituteurs, pendant le fort du *Culturkampf*. Mais depuis que M. Falk a dû se retirer, le projet semble enterré.

Ces misères du métier de maître d'école ne sont pas faites pour encourager les vocations. A une certaine époque, le recrutement des instituteurs était fort insuffisant (1). C'était au moment où nos milliards avaient donné le vertige à l'Allemagne, où chacun voulait devenir riche promptement, où la spéculation régnait et où ce pays, s'étant fait envoyer des pépites, avait la fièvre de l'or. Mais le krach vint et les esprits sont depuis longtemps rentrés dans leur voie. Les instituteurs, voyant que le ciel ne les aide pas, s'aident eux-mêmes tant bien que mal. Ils ont créé des caisses de secours, des associations de bienfaisance pour leurs malades, pour les veuves, les orphelins ; des assurances mutuelles pour la vieillesse. Ils attendent ainsi des jours meilleurs, et rien qu'en ne les demandant pas exclusivement à autrui, ils se les sont déjà procurés, dans une certaine mesure, à eux-mêmes. Le recrutement de leur métier a été facilité dans une proportion considérable, et, en 1882, le nombre des séminaristes était presque doublé en dix ans, atteignant approximativement le chiffre de 10.000. Mais les besoins de l'enseignement augmentent aussi et le nombre des instituteurs n'est pas encore absolument suffisant (2).

1. Hippeau. *L'instruction publique en Allemagne*, Paris, chez Didier, 1873, p. 114.

2. Sander, *Lexic. der Pädag.*, art. *Seminar*, p. 453.

CHAPITRE VIII

ENSEIGNEMENT DES FILLES

Les écoles supérieures de filles de Berlin. — Leur aspect. — Leur méthode. — Leur enseignement du français. — Les séminaires de jeunes filles. — Leur programme et leur méthode. — Examens pour les maîtresses de l'enseignement primaire et moyen.

L'enseignement public des filles est peu développé, en Prusse, comparativement à celui des garçons. Il y a sans doute des pensions privées que l'Etat surveille, comme il fait d'ailleurs de tout établissement quelconque d'éducation; car aucun ne peut, de par la loi, échapper à son contrôle (1). Mais en dehors de l'école primaire, que les enfants des deux sexes sont également obligés de fréquenter, les pouvoirs publics n'ont pas pris en main eux-mêmes, d'une manière générale, l'éducation des filles.

Cet état de choses a ému de nombreux pédagogues en Allemagne et ils ont fondé, en 1872, à Weimar, une association comptant plus de 2.000 membres et ayant pour but de favoriser le développement de l'instruction secondaire des filles. Imitant l'exemple fameux de Luther et sa lettre aux bourgmestres et aux conseillers des villes d'Allemagne, pour les exciter à ouvrir des écoles, l'association écrivit aux gouvernements des Etats de l'Allemagne pour leur soumettre un programme d'organisation des écoles supérieures de filles. Au congrès international de l'enseignement à Bruxelles,

1. Loi du 11 mars 1872.

en 1880, le représentant de cette association, M. Erkelenz, a défendu et fait adopter deux plans d'études, dont le premier, comportant cinq classes et une classe préparatoire, servirait de type à l'école moyenne; le second, composé de sept classes, répond à l'idée d'une école supérieure (1).

Il y a sans doute, parmi les pensionnats privés, bon nombre d'institutions qui suivent à peu près le plan de l'école moyenne à six classes, tel que nous l'avons vu plus haut arrêté par l'administration (2). L'école moyenne de filles n'est pas un rêve purement théorique; elle existe par les mêmes raisons qui ont fait naître jadis l'école bourgeoise de garçons, mais elle n'a pas d'existence officielle. Les établissements publics qui se sont fondés pour l'éducation féminine ont été la création d'une volonté assez puissante ou le résultat d'un effort assez considérable pour leur permettre de dépasser le modeste programme à six classes et de répondre plutôt au plan de l'école moyenne à neuf classes, tel qu'il avait été conçu par le Dr Friedrich Hofmann. Aussi prennent-elles généralement le nom d'écoles supérieures de filles (*Höhere Töchterschulen*). Elles reçoivent leurs élèves à partir de l'âge de six ou sept ans et elles peuvent les garder jusqu'à seize ans accomplis.

Tel est le cas, par exemple, de l'école Augusta (Augusta-Schule), de l'école Sophie (Sophien-Schule), etc... à Berlin. Elles comptent neuf classes. Leurs objets d'enseignement sont d'ailleurs presque identiques à ceux de l'école moyenne. Leur programme comprend, lui aussi, la religion, l'allemand, l'écriture et la lecture, le calcul, l'histoire naturelle, la physique et quelques mots de chimie, la géographie, l'histoire, le français, le dessin, le chant et la gymnastique. Il est vrai

1. Sander. *Lexicon der Pädagogik*, art. *Mädchenschulen*.
2. Voy. Chap. VI.

qu'on n'y voit pas du tout de géométrie ; on pense que l'éducation des filles ne doit pas comporter autant de science que celle des garçons. Mais, en revanche, l'anglais y figure à titre obligatoire et les travaux à l'aiguille y occupent naturellement quelques heures.

Les écoles de cette nature qui existent à Berlin ont une population nombreuse, approchant parfois de 1.000 élèves (1). Leur aspect ne les distingue pas des autres établissements d'instruction publique. On pourrait s'y croire dans un groupe scolaire. La pensée même de l'internat en est absolument écartée et l'avis de tous les pédagogues est que, surtout pour les filles, la maison, et non l'école, doit rester le centre de l'éducation par excellence. Un coup d'œil original est présenté par les couloirs pendant les heures de classe. C'est là que sont fixées toutes les patères qui servent à accrocher les manteaux, chapeaux, fichus, voilettes, capelines, pèlerines de toutes couleurs et de toutes grandeurs. Les parapluies, les ombrelles, les en-tout-cas prennent place au-dessous, et enfin par terre, quand le temps est mauvais, on voit de place en place des caoutchoucs et de petites galoches.

La méthode est ici ce que nous l'avons vue ailleurs. Presque tout le poids du travail retombe sur l'heure même de classe. On écrit peu. Les devoirs qu'il faut faire à la maison ne doivent pas prendre plus d'une demi-heure ou une heure dans les basses clases, et, tout en réclamant progressivement un peu plus de temps à mesure que l'élève grandit, ils ne doivent jamais lui demander plus de deux heures et demie ; en quoi il faut se régler, ajoute sagement le programme de l'école Augusta, non sur les natures exceptionnellement

1. Pour tout ceci et la suite, voy. *Siebenter Jahresbericht über die Sophien-Schule, Albert Beneke Direktor*, Berlin 1883, et *Lehrpläne der Königlichen Augusta-Schule*, zu Berlin 1883.

douées, mais sur les facultés moyennes. Toutes les classes ont lieu le matin ; l'après-midi est toujours libre.

Je ne surprendrai personne en disant que, dans les écoles supérieures de filles, on donne un soin tout particulier à la littérature. On en commence l'enseignement par les mêmes méthodes que dans l'école primaire, puisque, de part et d'autre, l'âge des enfants est à peu près le même. Là aussi j'ai entendu réciter les ballades des poètes nationaux, dites strophe par strophe, tantôt par des élèves différentes, tantôt par toute la classe en chœur. Mais comme le but final qu'on s'est marqué est plus élevé que dans l'enseignement élémentaire, il m'a semblé que, dès le début, on traitait avec plus de détails le texte de l'auteur et qu'on le commentait plus largement. Soit qu'on explique d'avance la leçon qui doit être sue la prochaine fois, soit qu'on revise celle qui a été apprise par cœur, le maître arrache aux élèves, question par question, tout ce qu'elles sont capables de penser et de dire à propos du texte étudié. Elles le reproduisent d'abord d'aussi près que possible, dans leur prose enfantine, pour le mieux comprendre ou montrer qu'elles l'ont compris. On y rattache toutes les observations qu'il peut suggérer et tous les souvenirs qu'il peut éveiller. On ne s'interdit même pas d'y chercher des sujets de comparaison avec d'autres poésies et d'autres passages connus et de faire ainsi appel au sens critique et esthétique naissant des petites élèves. Aussi plus tard est-il possible de dépasser le devoir écrit conçu comme une simple reproduction d'un texte préalablement étudié. J'ai entendu le professeur rendre compte, dans une classe supérieure, d'un devoir dont le sujet était une étude de Wallenstein. Les jeunes filles, car leur âge ne permettait plus de les nommer autrement, avaient dû marquer la place de ce drame dans l'œuvre générale de Schiller, étudier le caractère du héros et des autres personnages de la pièce, l'influence réciproque des uns sur les autres, en un mot s'essayer à un véritable jugement littéraire. Le maître faisait en même temps les remarques de style et de fonds et associait toute la classe à sa critique. Les élèves avaient entre les mains un livre de lecture dont le champ s'étendait depuis les premiers monuments de la littérature allemande jusqu'aux auteurs les plus modernes, comme Bodenstedt et Heyse. Les vieux textes, comme les *Nibelungen* et les poèmes de Wolfram von Eschenbach, ne sont pas présentés dans leur forme originale. Une des branches les plus actives de la littérature allemande, où les philologues ne manquent point, comme on pense, c'est le rajeunissement des anciens chefs-d'œuvre et monuments de la langue. La littérature nationale est ainsi présentée, même à des jeunes filles, avec le prestige de la noblesse que lui donne son ancienneté et comme une souche antique qui pousse constamment de jeunes rameaux (1).

Un autre trait particulier des écoles de jeunes filles en Allemagne, c'est l'étude toute spéciale qu'on y fait du français.

La mode n'en est pas nouvelle et elle a résisté à tous les malheurs que nôtre patrie a traversés. Le français est resté pour l'Europe la langue universelle; et bien que les hautes classes de la société, en Allemagne plus qu'ailleurs, aient cessé de le parler exclusivement entre elles et cultivent, non sans raison, la langue nationale, le français a gardé le rang de langue internationale; il continue d'être la marque de la culture chez toute personne instruite et l'organe par excellence de toutes les relations policées. L'anglais tend à se faire une place à côté de lui, depuis un certain temps;

1. Voy. les dernières lignes de l'*Histoire de la littérature allemande* de Robert Kœnig, Bielefeld et Leipzig, 13e édition en 1882.

mais il ne semble pas qu'il soit appelé à de plus hautes destinées. Il présente, il est vrai, fort peu de difficulté pour les
Allemands. Mais à cause de cela même et de sa syntaxe ru-
dimentaire, il passe aux yeux de la plupart des pédagogues
pour une médiocre occasion de développement intellectuel.
Et il n'a point l'oreille du reste du public. Comme je faisais
compliment au directeur d'un séminaire de jeunes filles, en
Saxe, sur les résultats de l'enseignement du français dans
son établissement: « Il y a là, pour nous, me dit-il, une
« condition essentielle de prospérité. Bon nombre de jeunes
« filles qui sortent d'ici, ne peuvent ou ne veulent pas être
« employées par le Gouvernement dans ses écoles primai-
« res. Il faut que je leur cherche des places d'institutrices
« dans des familles riches ; et la première chose qu'on leur
« demande, c'est de pouvoir enseigner le français aux en-
« fants et le parler couramment avec eux. »

Les leçons de français auxquelles j'ai assisté dans les basses classes de la Sophien-Schule comptent parmi les plus
amusantes que j'aie entendues en Allemagne. J'ai été surpris
du nombre de choses que ces petites filles savaient déjà.
En même temps que les premières règles de la langue et de
la prononciation, on leur fait apprendre un vocabulaire assez
étendu, et il arrive qu'à propos d'un mot, on leur demande
si elles en connaissent d'autres qui aient la même termi-
naison. Il en part aussitôt comme des fusées de tous les
coins de la classe. Quelques-unes sont si impatientes de répondre qu'elles lèvent les deux bras en l'air, trépignent à
leur place et sortent de leur banc. On est obligé, de temps à
autre, de suspendre la leçon et de les faire toutes rasseoir
en commandant le silence, tant leur ardeur les a emportées.
Elles traduisent au vol de petites phrases allemandes qui présentent tour à tour une pensée sous ses différentes faces et
avec toutes ses nuances: j'ai de l'argent, je n'ai pas d'ar-

gent, j'ai eu de l'argent, je n'ai plus d'argent, j'ai plus d'argent, etc., etc. Elles s'en tirent ordinairement fort bien. Elles apprennent déjà de petites fables par cœur et l'une d'elles me récita très-drôlement : « Maître Corbeau, etc. » Les enfants de Berlin ont, relativement aux autres, quelque chose de la vivacité et de la malice de nos petits Parisiens, et là comme ailleurs, les petites filles sont plus avancées et plus spirituelles que les petits garçons, moins timides, moins empêchées et plus drôles.

Rien de surprenant si, au bout de six ans d'un enseignement conduit de cette façon et auquel on donne de quatre à cinq heures par semaine, la classe peut se faire tout entière en français. La grammaire est sue sur le bout du doigt et la prononciation, dans les provinces du nord de l'Allemagne, est beaucoup plus supportable qu'un Français ne serait tenté de le croire d'avance. Des élèves ont récité devant moi des scènes de Corneille en se distribuant les rôles ; une autre a dit les « Adieux de Marie Stuart à la France », de Béranger. Mais je n'ai pas été peu surpris de voir entre leurs mains, comme livre d'explication, les *Récapitulations* de Bouilly. La phraséologie sensible de cet autobiographe vertueux paraissait fade même aux jeunes filles de ce pays où l'on se pique de tant de sensibilité, qu'on a, pour l'exprimer, des mots prétendus intraduisibles. Les Allemands, qui font tant de place à l'étude de notre langue, ignorent singulièrement notre littérature moderne et ne savent que lire dans leurs classes. Deux ou trois noms, qu'ils prononcent avec l'horreur des pharisiens contre les vices des autres, leur cachent absolument tout le reste de ce qui s'écrit chez nous. La directrice très distinguée d'une école privée de jeunes filles me disait: « Nous ne pouvons pourtant pas mettre *Nana* entre les mains de nos élèves. Elle se louait, au contraire, de toutes les fadaises innocentes dont pullulent les *Magazines* anglais. Je crois que nos éditeurs feraient bien d'envoyer quelques échantillons de leurs publications excellentes et de leurs livres et romans les plus irréprochables aux principaux établissements d'instruction publique pour les deux sexes, en Allemagne. Ils auraient chance de se créer peu à peu une clientèle importante. Il y faudrait d'ailleurs quelques précautions, car nos voisins sont extrêmement disposés à se scandaliser en français de ce qu'ils lisent avec édification en allemand.

Les écoles supérieures de jeunes filles emploient volontiers comme professeurs des dames dans les basses classes, et des hommes dans les hautes classes.

> Du côté de la barbe est la toute-puissance,

et il paraît qu'il ne faut rien de moins pour en imposer aux jeunes berlinoises, dès qu'elles deviennent grandelettes. La direction est toujours confiée à un homme, ici aussi bien que dans les séminaires d'institutrices.

Ceux-ci sont, en Allemagne, infiniment moins nombreux que les séminaires d'instituteurs. Le rapport pour la Prusse, par exemple, est de 8 à 102 (1); en Saxe, de 2 à 17. Encore, dans ce dernier pays, n'emploie-t-on pas volontiers les jeunes filles fort méritantes qui en sortent. On voit un peu partout des classes de petites filles faites par des hommes beaucoup trop rudes et qui, dans tous les cas, y paraissent si peu à leur place que ce spectacle a quelque chose de choquant. Les femmes commencent à leur faire, surtout en Prusse, une concurrence d'autant plus redoutable, qu'en remplissant souvent les places d'une manière plus convenable. elles y apportent moins de besoins. Les instituteurs

1. Pour ceci et la suite, voy. Sander, *Lexicon der Pädagogik* art. *Leh-rerinnen* et suivants.

font fort mauvaise mine à ce jeu. Ils ont déclaré, au Congrès de 1880, que les femmes n'avaient pas assez de force physique pour enseigner, qu'elles leur étaient fort inférieures dans ce rôle, que si on empruntait des éléments aux deux sexes pour remplir les cadres actuellement encore incomplets du personnel, il ne pourrait s'ensuivre qu'un abaissement du niveau de l'instruction publique. Cependant les institutrices gagnent du terrain et surtout dans les centres les plus éclairés, comme à Berlin. Assurément, elles ne le doivent pas à la galanterie de leurs collègues.

Les séminaires d'institutrices ayant pour but de préparer à l'enseignement primaire, qui est, à si peu de chose près, commun aux deux sexes, leur programme ne saurait être très différent de celui des séminaires d'instituteurs. On peut le considérer également comme une récapitulation approfondie et étendue d'une instruction « moyenne », au sens prussien du mot. Les études d'une bonne école supérieure de filles mettent donc généralement en état d'entrer au séminaire (1). Peut-être pousse-t-on un peu moins loin que dans les séminaires d'hommes les sciences mathématiques, et on n'y a pas les mêmes exigences pour la musique instrumentale. On se contente du chant, mais on s'y exerce, en revanche, aux travaux à l'aiguille. Tout le reste est très semblable et presque équivalent de part et d'autre. Les cours durent trois ans. Ni la pédagogie, ni les exercices pratiques ne sont négligés. Parfois la jeune fille doit préparer d'avance le sujet de plusieurs leçons. Au jour dit, on lui amène l'une quelconque des classes qu'on lui avait annoncées. Ces exercices sont toujours suivis d'une critique faite par toutes les camarades de l'élève et d'un jugement exprimé et motivé par le directeur.

1. *Lehrplan der Königlichen Augusta. Schule*, Berlin 1883, p.3.

En sortant du séminaire, les jeunes filles, âgées alors de dix-neuf ans, se présentent à un examen qui, d'ailleurs, ne leur est pas exclusivement réservé (1). Elles ont à subir des épreuves écrites, orales et pratiques. La seule différence qu'on fasse entre les candidates à l'enseignement primaire et celles qui désirent une place dans une école supérieure de filles, c'est qu'on demande à ces dernières de connaître la littérature allemande dans son développement historique et de savoir du français et de l'anglais. Les institutrices ne sont pas astreintes, comme les instituteurs, à un second examen ; on les y soumet seulement dans le cas où elles n'entrent en fonctions que cinq ans après avoir passé le premier, ou quand elles ont interrompu pendant cinq ans leur enseignement. Toutefois, on ne leur délivre leur titre définitif qu'après deux ans de services actifs. Les dames qui veulent obtenir le droit de diriger un pensionnat (2), doivent avoir enseigné déjà pendant cinq ans au moins, et deux ans au moins dans les écoles. Elles ont huit semaines pour remettre à la commission d'examen un devoir écrit dont on leur indique le sujet. Elles subissent ensuite une épreuve orale de pédagogie et doivent également satisfaire aux questions qu'on peut juger à propos de **leur** poser, si on a conçu quelques doutes sur leur capacité dans une branche quelconque de l'enseignement.

1. Pour ceci et la suite, voy. Lehrerinnen prüfung. Ordonnance du ministère de l'Instruction publique du 24 avril 1874, dans Schneider : *Volkschulwesen*, etc.

2. Voy. Prüfung der. Schulvorsteherinnen. Ordonnance du 24 avril 1874, également dans Schneider, *Volkschulwesen,* etc.

DEUXIÈME PARTIE

ENSEIGNEMENT SECONDAIRE ET SUPÉRIEUR

CHAPITRE IX

LE GYMNASE

(*Gymnasium*)

Ses origines et son histoire. — Son plan d'études actuel. — Son aspect.
— L'école préparatoire. — Le progymnase. — La lecture des auteurs.
— L'extemporale. — Pourquoi on lit plus de textes en Allemagne
qu'en France. — Ombres et critiques de l'enseignement du gymnase.

Comme c'est l'influence de l'école primaire qui a formé,
transformé et développé l'enseignement du premier degré,
c'est le gymnase qui a été l'institution fondamentale de l'enseignement du second degré et les rivaux qui lui sont nés,
ont dû lui emprunter plus d'un de ses traits.

Il eut jadis son origine, d'une part, dans les écoles jointes
aux églises ou organisées par les ordres religieux pour ali-
menter surtout le recrutement du clergé, d'autre part dans
les écoles latines entretenues par les Conseils des villes
comme préparatoires aux fonctions ecclésiastiques et à certaines professions savantes du domaine administratif (1).

1. Sander, *Lexicon der Pädagogik*, Leipzig, 1883, article *Gymnasium*, et surtout la lettre de Luther à tous les bour mestres et con-

Toutefois, il n'est devenu lui-même qu'à partir de la Renaissance, alors que des hommes comme Friedland de Trotzendorf, Neander d'Ilfeld, Sturm de Strasbourg organisèrent les études humanistes (1) et que Mélanchton ménagea leur alliance avec l'esprit de la Réforme(2).Pendant longtemps,les deux langues de l'antiquité classique, excellemment le latin, et la doctrine de l'Eglise figurèrent seules sur son plan d'études. Cependant, dès le XVIIe siècle, il fallut ouvrir la porte à l'enseignement des mathématiques et de l'histoire. La langue nationale obtint,de place en place,de faibles concessions, et quelques études réales se glissèrent parfois à sa suite. Au siècle passé, le courant réaliste devint plus fort. L'allemand, la géographie protégée par l'histoire, les mathématiques, les sciences naturelles et le français s'établissent victorieusement sur le programme. En 1811, l'institution présente partout des traits assez semblables et assez caractéristiques pour qu'un mot puisse la désigner et elle reçoit officiellement en Prusse le nom de gymnase (3). L'enseignement, qui a été jusqu'alors entre les mains des ecclésiastiques, tend à passer de plus en plus aux mains des laïques, et, en 1816, l'Etat publie un plan officiel d'études auquel ont travaillé Wolff et W. de Humboldt. Le caractère religieux du gymnase y est, d'ailleurs, expressément reconnu : « L'Etat « prussien est un Etat chrétien; l'enseignement religieux, « dispensé dans toutes ses écoles, doit être par suite également « ment chrétien, et il n'est pas permis d'y donner un ensei-

seillers des villes d'Allemagne, pour les engager à établir et à entretenir des écoles.

1. Sander, *Lexic. der Pädag.*, art. *Gymnasium*.

2. Pour ceci et la suite, voy. l'ouvrage capital de Wiese : *Das höhere Schulwesen in Preussen*; *historisch-statistische Darstellung*, en tout trois volumes, que je distinguerai par leur date,chacun ayant la valeur d'un ouvrage particulier.

3. Sander,*Lexic. der Pädag.*, ibid.

« gnement religieux général, etc., etc. » On sent dans ces lignes une réaction contre la philosophie déiste et la religion rationaliste du xviiie siècle ; et dix ans plus tard, dans une circulaire qui fait encore loi aujourd'hui, le ministre von Altenstein écrivait : « Avant tout, le maître ne doit pas « perdre de vue qu'il importe de préparer à l'Etat des mem- « bres chrétiens ; il ne s'agit donc pas de donner aux écoliers « une prétendue moralité sans fondement profond, sorte « d'abstraction en l'air, mais une moralité réalisée dans les « mœurs, reposant sur la crainte de Dieu et la foi au Christ. »

. Comme nous sommes en 1816, au lendemain du soulève- ment contre Napoléon et de la « guerre de la délivrance », le français disparaît momentanément du programme et la gymnastique est chaudement recommandée : « Le dévelop- « pement harmonieux de l'esprit et du corps étant pour « tout homme de la plus haute importance, l'art de la gym- « nastique, qui a pour but le développement du corps. ne « doit faire défaut dans aucune espèce d'école et surtout « dans aucun internat, pour peu qu'il soit possible de l'y « introduire. Cette branche extrèmement importante de la « culture nationale se laissera facilement généraliser, si « chaque ville organise un établissement commun de gym- « nastique pour toutes les écoles, les grandes villes plu- « sieurs. » La gymnastique demeurait, il est vrai, faculta- tive ; mais les villes, comme on l'a vu plus haut, ont répondu au désir du plan de 1816, et grâce aux établissements qu'elles ont érigés, la gymnastique est devenue facilement, par la suite, d'obligation générale.

Le plan de 1816 comporte des dispositions qui sont restées, à bien des égards, fondamentales pour le développement ultérieur du gymnase. Il porte les rubriques suivantes : latin, grec, allemand, mathématiques, sciences naturelles, religion, histoire et géographie, dessin, écriture. La somme des heures de leçon pour chaque classe est fixée à 32 par semaine. Elle est de 30 aujourd'hui. Mais la gymnastique était facultative; elle est obligatoire, et on lui donne deux heures par semaine en dehors du plan d'études, ce qui nous ramène justement au chiffre 32. Le chant, et, dans les hautes classes, l'hébreu pour les futurs étudiants en théologie, devaient être enseignés dans des heures spéciales à désigner; c'est ce qui a encore lieu aujourd'hui.

Le plan d'études primitif a été révisé trois fois dans ce siècle : en 1837, 1856 et 1882.

En 1837, le français réapparaît avec deux heures par semaine dans les classes supérieures. La philosophie propédentique reçoit également deux heures dans la division la plus élevée. L'ancienne rubrique « sciences naturelles » se différencie en physique et histoire naturelle. Cette modification se maintient au travers du plan de 1856 jusque dans celui de 1882, que présente le tableau suivant :

	VI	V	IV	III b	III a	II b	II a	I b	I a	(1)
Religion. . . .	3	2	2	2	2	2	2	2	2	19
Allemand. . .	3	2	2	2	2	2	2	3	3	21
Latin	9	9	9	9	9	8	8	8	8	77
Grec.				7	7	7	7	6	6	40
Français. . . .		4	5	2	2	2	2	2	2	21
Hist. et géog. .	3	3	4	3	3	3	3	3	3	28
Calcul et math.	4	4	4	3	3	3	3	3	3	34
Hist. naturelle.	2	2	2	2	2					10
Physique . . .						2	2	2	2	8
Ecriture. . . .	2	2								4
Dessin.	2	2	2							6
	28	30	30	30	30	30	30	30	30	268

Si l'on compare la somme des heures attribuées ici à cha-

1. Les classes portent le nom de sexta, quinta, quarta, untertertia et obertertia, u. secunda et o. secunda, u. prima et o. prima, c'est-à-dire tertia inférieure et tertia supérieure, secunda inférieure, etc.

que matière avec celle qui y correspondait sur le plan précédent de 1856, on trouve que :

Le dessin n'a rien perdu ni gagné ;

	Heures
La religion a perdu	1
Le latin —	9
Le grec —	2
L'écriture —	2
Total	14

L'allemand a gagné.	1
Le français —	4
L'hist. et la géog. —	3
Le calcul et les math. ont	2
L'hist. naturelle. a gagné.	2
La physique. —	2
Total égal	14

Les facultés qui ont profité du remaniement sont celles qui paraissent de nature à incliner le gymnase vers un programme réal. Cependant les langues anciennes continuent d'être considérées comme formant « le centre des études, autour duquel » les autres enseignements, si essentiels qu'ils soient, ne se groupent qu'à titre accessoire (1). Le but de l'enseignement, dans son ensemble, est de préparer les élèves à l'étude des sciences dans les universités, et les moyens divers qui concourent à ce résultat sont combinés de telle façon qu'ils aient en eux-mêmes une valeur universelle et puissent servir de fondement à toute haute culture d'esprit (2).

1. Wiese, 1864, p. 20.
2. Wiese, 1864, p. 50 ; Sander, *Lexic. der Pädag.*, définition du Gymnasium ; Schrader. *Erziehungs und Unterrichtslehre*, 4e édit., Berlin, 1882, p. 8 et suiv.

L'externat est la règle des gymnases d'Allemagne. Cette circonstance permet de maintenir leurs dimensions fort au-dessous de celles d'un groupe scolaire et leurs frais d'établissement doivent se trouver réduits d'autant. Leur aspect extérieur est celui d'un grand bâtiment, le plus souvent isolé et à plusieurs étages, où la fantaisie des architectes se donne carrière. Les uns sont construits dans le style gothique ou dans celui de la Renaissance allemande ; les autres sont d'aspect tout moderne et ne sont conçus que pour les services qu'ils doivent rendre. A l'intérieur, ils n'offrent rien de nouveau à celui qui a déjà visité des écoles de grandes villes. Des escaliers en pierre, des couloirs larges et clairs, sur lesquels s'ouvrent des classes. Celles-ci ne sont pas disposées en amphithéâtres. Les tables contiennent la plupart du temps un compartiment inférieur où l'élève peut ranger ses cahiers et ses livres, pendant qu'il ne s'en sert pas ; et la cloison de ce compartiment, du côté extérieur, est souvent constituée par une vitre qui permet constamment de voir ce qu'il renferme. Les murs de la classe sont pourvus de patères en nombre largement suffisant pour tous les élèves. Quant aux professeurs, ils se rendent dans une pièce commune, qui leur est réservée et qui s'appelle la chambre de conférence (Konferenzzimmer). C'est là qu'ils ont l'habitude de se débarrasser de tout ce qu'ils ne veulent pas prendre avec eux en classe. Comme un gymnase n'est pas bien grand, la chambre de conférence n'est jamais bien éloignée de leur classe, et quand l'heure de leur leçon est finie, ils viennent attendre là que le moment de la leçon suivante soit venu. C'est donc un endroit où ils se rencontrent tous plusieurs fois par jour, et cela ne contribue pas peu à entretenir entre eux des relations ininterrompues. Aucune leçon ne dure plus de cinquante minutes. Elles finissent à l'heure sonnante. Alors le professeur sort de la classe et ne rentre que dix minutes après pour une autre leçon.

Pendant ce temps, les élèves sont absolument livrés à eux-mêmes. Le gymnase forme à cet égard un contraste assez frappant avec l'école. Dans celle-ci, l'instituteur a le devoir de surveiller ses élèves en tout temps : les mouvements s'y font sous ses yeux, en rang, dans un ordre parfait et il accompagne les colonnes d'enfants jusqu'à la porte extérieure de la rue. Là, seulement, la liberté recommence. Elle pénètre jusque dans le gymnase. Les élèves se ruent en désordre dans leurs classes, et, pendant l'intervalle des leçons, ils répandent dans tout l'établissement un tapage auquel nulles bornes ne sont imposées. Les professeurs paraissent croire qu'après une heure d'attention soutenue, cette détente est pleinement permise, et ils traversent ce milieu bruyant et tumultueux avec le flegme de gens dont les nerfs ne sont pas ébranlés pour si peu de chose.

Le gymnase juge souvent indispensable de venir au-devant de ses élèves et de préparer spécialement les enfants qui doivent entrer dans ses classes inférieures. Dans ce cas, il se donne une école préparatoire (Vorschule), qui est placée sous la même direction que le reste de l'établissement, en fait partie intégrante et, à ce titre, n'est pas soumise aux ordonnances sur les écoles primaires publiques (1). Cette école peut se composer de trois ou quatre classes. Les matières qu'on y combine de différentes manières, sont : la religion, l'allemand et l'enseignement intuitif, l'arithmétique, l'écriture, la topographie locale, le chant. Le nombre des heures de classe ne dépasse guère 20 à 25 par semaine pour chaque classe (2).

1. Wiese, 1869, p. 729 et 1864 p. 32.
2. Wiese. 1874 p. 85 et Programme du collège royal français, 1883 à Berlin, chez Starcke.

7.

Il arrive qu'un gymnase ne possède pas les classes supérieures. Dans cas, il prend le nom de « progymnasium » (1). On y suit absolument le plan d'études prescrit pour les gymnases proprement dits (2) jusqu'au point où les classes commencent à manquer. A partir de là, les élèves qui veulent conquérir le brevet de maturité doivent aller chercher ailleurs le cours d'un gymnase complet.

Certains procédés d'enseignement, usités dans les gymnases allemands, ont attiré depuis quelques années l'attention du public français (3). En première ligne, il faut citer le thème instantané ou *extemporale*, fait en classe, sans dictionnaire, traduction immédiate et, pour ainsi dire, au pied levé d'un texte lu par le professeur. L'idée de cet exercice a excité chez nous un assez vif étonnement. On a beaucoup parlé aussi de la lecture cursive des auteurs ou *lectio cursoria*, si vivement poussée, qu'on paraît attacher autant de prix à la quantité qu'à la qualité de l'explication.

Ces deux exercices trouvent également leur application dans l'enseignement des langues mortes, et celles-ci sont le domaine propre du gymnase. Mais elles ne forment pourtant qu'une partie du programme des études. L'allemand, l'histoire et la géographie, les sciences exactes et naturelles, que nous avons déjà rencontrés dans l'enseignement élémentaire, y figurent aussi ; et nous avons vu, dans la première partie de ce travail comment ils devaient se prêter, par la forme de leur enseignement, à la réalisation de ce double principe pédagogique : la classe est une ; — le prin-

---

1. Wiese, 1869, p. 729.
2. Wiese, 1864, p. 26.
3. Ce résultat est dû surtout aux deux livres magistraux de M. Michel Bréal : *Quelques mots sur l'Instruction publique en France*, et *Excursions pédagogiques*. Paris, chez Hachette.

cipal effort de l'instruction doit avoir lieu dans la classe
même. Il me semble que la nature du thème instantané et
de l'explication cursive ne peut pas être pleinement comprise, si on ne se les représente pas comme des exercices
propres à réaliser ces principes dans l'enseignement des
langues mortes et à les étendre, par conséquent, à toute la
pédagogie des classes du gymnase.

La lecture cursive ne se distingue pas très sensiblement
par elle-même de celles qui sont faites dans nos classes,
quand le professeur mène un peu vivement l'explication ;
car, pour cursive qu'elle soit, cette lecture n'exclut pas les
remarques grammaticales ni les éclaircissements nécessaires. J'ai assisté plusieurs fois à cet exercice, qui est généralement conduit de la manière suivante. On reprend rapidement ce qui a été vu dans la leçon précédente. Dans ce cas,
on ne lit pas le texte d'avance ; on se contente de mettre
immédiatement la traduction allemande sur chacun des
membres de phrase de l'auteur. A partir du moment où
commence l'explication du jour, l'élève doit, au contraire, lire
tout haut la phrase entière qu'il va essayer de rendre en
allemand. Dans la plupart des classes, celui qui est désigné
pour expliquer se lève ; il va de soi qu'il est pris à l'improviste, tous ayant dû préparer également l'explication. A vrai
dire, on est sobre de commentaires. J'étais présent un jour
à la lecture du célèbre passage des *Verrines*. « *O tempora !
ô mores !* » Cela ne donna lieu à aucune manifestation admi-
rative, ni même à aucune remarque critique. Cependant le
professeur intervenait à chaque instant pour provoquer des
observations grammaticales. Alors, sa méthode d'interrogation rappelait celle que j'ai déjà signalée dans l'enseignement
élémentaire, ses questions se dispersant habilement sur
tous les bancs pour tenir chacun en éveil et exciter chez tous
un mouvement d'esprit collectif. D'autres fois, il cherchait à

faire pénétrer ses élèves dans la véritable intelligence du texte, décrivant les objets qui y étaient nommés, éclaircissant les institutions ou les usages auxquels il était fait allusion. Pour cela, il se servait volontiers de la langue latine et son échange d'observations avec l'élève prenait le caractère d'une conversation en un latin fort supportable. L'explication une fois finie, il arrive souvent que le professeur ne regarde pas la leçon comme terminée. Il fait fermer tous les livres ; puis reprenant phrase par phrase la traduction du passage parcouru, il fait reproduire le texte original par les élèves, appelant chacun tour à tour et les excitant tous à venir en aide à celui qui est sur la sellette. Il ne demande pas que cette reproduction soit absolument littérale, mais il faut qu'elle contienne au moins toutes les expressions et tous les tours les plus remarquables, en un mot qu'elle rende d'une manière suffisamment approchée la physionomie de l'original. Parfois, on ne s'en tient pas encore là. On reprend le livre, et si le passage était au style direct, on le met au style indirect et inversement. Il y a aussi des cours de thèmes où la traduction des mots peu usités ou nouveaux est indiquée au bas des pages, et on s'en sert pour faire du latin de vive voix, en classe, en restant fidèle au principe d'intéresser tous les élèves, de différentes manières, aux traductions que l'on tente.

Si l'auteur qu'on explique est un poète, latin ou grec, on marque en le lisant, avec plus de soin encore que dans la prose, l'accent tonique et la quantité. L'explication a lieu comme plus haut ; mais, une fois le livre fermé, on ne peut se permettre de faire une reproduction libre d'un texte en vers. Il fau le réciter mot à mot ou point du tout. J'ai vu, dans le premier cas, un professeur conduire une récitation d'Homère absolument comme les instituteurs que j'ai montrés plus haut faisant réciter une poésie allemande à toute une classe. Les élèves parlaient en chœur et le maître accompagnait et marquait du geste la métrique. Les exercices de mémoire reposent ainsi directement sur le travail de l'explication. Il n'y en a pas qui constituent, comme nos leçons journalières du lycée, un exercice séparé des autres et inachevé en soi. Ou bien ils se rattachent immédiatement au texte étudié, ou bien ils ont en vue la récitation d'un morceau tout entier, comme dans les représentations théâtrales qui se donnent parfois au gymnase.

Maintenant, et maintenant seulement, on peut s'expliquer la nature de l'extemporale, en concevoir la possibilité même et l'utilité. S'il était un thème, au sens où nous avons l'habitude d'entendre ce mot ; si, par des difficultés particulières, il voulait donner à l'élève l'occasion de lutter avec un texte rebelle, d'aborder les obstacles avec des tournures diverses, d'étendre l'usage de son vocabulaire par des combinaisons ingénieuses ; s'il prétendait le contraindre à distinguer les nuances de la langue maternelle par l'obligation d'en chercher les équivalences délicates dans des expressions différentes ; en un mot, si le but de l'extemporale était celui que nous poursuivons ordinairement en faisant traduire du français par nos lycéens, il pourrait paraître absurde de réunir pour cela le maître et les enfants. Un tel travail ne se conçoit qu'avec beaucoup de temps, de soin, d'étude personnelle, silencieuse, solitaire. L'entreprendre en commun, avec la hâte d'une dictée, ne servirait qu'à gaspiller l'heure de la classe, à supprimer l'effort fructueux des élèves, à leur faire faire sans profit un thème plus mauvais que les autres. Mais l'extemporale ne se propose presque pas du tout de faire avancer les élèves, de les entraîner au delà du point qu'ils ont atteint dans la connaissance de la langue ; il veut tout simplement les forcer à ressaisir les connaissances qu'ils ont déjà et les exercer à s'en servir avec dextérité et présence d'esprit. Voilà pourquoi le texte de l'extemporale n'est véritablement très bon que s'il a été préparé par le professeur lui-même, en relations étroites avec les thèmes oraux ou les explications d'une période précédente, provoquant l'emploi du vocabulaire, des expressions, des tournures, des règles grammaticales dont le savoir de la classe s'est récemment enrichi. Ce n'est pas un exercice qui serve à apprendre ce qu'on ne sait pas, mais bien à réviser ce qu'on sait, à l'appliquer pratiquement et à en tirer un parti immédiat.

On le voit, l'extemporale n'est pas un devoir écrit pareil à tous les autres. La pédagogie allemande n'est pas tendre au devoir écrit ; elle cherche à l'enfermer dans les limites les plus strictes, elle lui mesure sévèrement et presque avarement ses droits en dehors de l'enceinte du gymnase. Ce n'est pas pour l'installer au cœur même de la place. Il serait puéril de restreindre le travail obligatoire des élèves en dehors des écoles, si cela n'avait pour effet que de rejeter une besogne trop lourde sur le temps des leçons, et ce serait folie d'épargner les devoirs écrits aux loisirs de l'étude pour en encombrer l'heure des classes. Aussi dirai-je volontiers : l'extemporale n'est pas un devoir, c'est une interrogation. Il fait partie de cette méthode catéchétique qui a précisément pour règles essentielles de chasser l'écriture de partout où elle n'a que faire, de maintenir la continuité dans l'enseignement, la solidarité dans la classe, et de mettre là le centre du travail, de l'effort, de la vie, de l'animation, du progrès. L'extemporale est une interrogation, s'adressant à la fois à tous et à chacun et ramassant dans une seule épreuve les forces précédemment acquises. Il n'a de sens que s'il repose sur la lecture des auteurs. Celle-ci demeure la base de l'enseignement et l'exercice fondamental des humanités.

Pourquoi lit-on plus de grec et de latin dans les gymnases allemands que dans les lycées français ? — J'en vois plusieurs raisons.

La première et la meilleure de toutes, c'est qu'on y attache plus d'importance et qu'on y donne plus de temps que chez nous. L'explication n'y occupe pas une place accessoire, reléguée à la fin des classes, alors qu'on a déjà récité les leçons, indiqué celles du lendemain, corrigé des devoirs, rendu des copies, dicté le texte de devoirs nouveaux. Dans les gymnases, elle a ses heures à elle, complètes, indépendantes, dégagées de toute autre préoccupation, et ce sont les plus fréquentes.

Une seconde raison, dont il serait injuste de ne pas tenir compte, c'est qu'il est plus facile de traduire en allemand qu'en français. L'allemand est une langue de cire. On la tourne et on la modèle comme on veut, et elle s'adapte complaisamment sur tous les patrons. Chaque mot français, au contraire, a sa forme solide, originale, personnelle, porte la marque] de son époque et de son style ; il est presque toujours délicat de construire une traduction convenable avec ces matériaux à arêtes vives dont l'ajustement est un art.

Enfin, dussé-je heurter de front un préjugé qui veut que tous les Français soient de flamme et tous les Allemands de plomb, j'ajouterai cette troisième raison, c'est que les écoliers des gymnases ont généralement plus d'entrain, la conception plus prompte, la riposte plus vive, la parole plus facile que les nôtres. Je n'en attribue nullement le mérite à leur sang. Mais qu'on veuille bien songer que leurs classes ne durent que trois quarts d'heure, qu'elles sont menées d'après des principes pédagogiques qui mettent tout l'effort de l'éducation dans un échange rapide de pensées correctement exprimées, que ces enfants n'ont jamais d'études pendant lesquelles ils soient condamnés au silence, qu'ils sont tous externes et parlent, par conséquent, tous les jours autant que le reste des humains. En voilà assez pour nous permettre de dire que, si nous sommes plus lents, ce n'est pas la faute de notre nature.

Cependant la pédagogie allemande ne croit pas avoir assez fait dans la voie où elle est engagée ; elle s'accuse volontiers elle-même de ne pas donner assez de place à la lecture des auteurs. A entendre ces critiques, je me serais cru parfois encore en France, écoutant les doléances qui se sont produites chez nous depuis quelques années. On les formule et on y insiste dans les cours des universités, et c'est là qu'il m'a été donné d'en recueillir comme celles-ci : on n'apprend pas assez le vocabulaire des langues anciennes ; on ne se met pas assez en état de lire ces langues. Et pourquoi ? Parce qu'on ne les lit pas assez. La *lectio cursoria* est représentée comme une explication souvent ânonnante et traînante. Les élèves ne deviennent pas assez forts, atteignent les hautes classes du gymnase sans avoir vaincu les difficultés que présentent l'intelligence et la traduction des textes, restent là trop longtemps, se découragent et s'ennuient. On ne fait pas suffisamment connaissance avec des œuvres complètes. Comment remédier à ces maux ? En rapprochant encore l'élève des auteurs, en le mettant de plus en plus de plain-pied, en le familiarisant davantage avec les chefs-d'œuvre et les monuments des langues anciennes ; et peut-être faudrait-il pour cela lui permettre d'user d'un secours dont nous ne manquons pas de nous servir nous-mêmes, quand nous sommes en face d'un texte ancien, c'est-à-dire l'autoriser à entrer par une traduction dans le plein courant de la langue originale elle-même.

Dans toutes les matières qui sont communes au gymnase

et à l'enseignement élémentaire, le premier aurait avantage à s'assimiler convenablement les méthodes rationnelles et éprouvées du second. En mathématiques, en cosmographie, il faudrait faire plus de place à l'enseignement par l'observation réelle et par l'aspect. En physique et en chimie, le plan d'étude est insuffisant et le rôle de l'élève dans l'étude de ces sciences est trop passif. Dans les sciences naturelles, en botanique, par exemple, combien n'est-il pas à souhaiter que l'élève prenne de l'initiative, s'intéresse, se passionne même pour les choses qu'il étudie, les recherche, les collectionne ? La géographie, dans le nouveau règlement des études, est devenue indépendante de l'histoire, ne relève plus que d'elle-même ; plus on l'enseignera intuitivement, pratiquement même, par l'exploration ou le relevé du terrain, plus elle aura d'attrait et de valeur à tous égards.

L'histoire est, pour ainsi dire, trop extérieure, s'attache avec excès aux guerres, aux généalogies, aux dates, ne ranime pas suffisamment les milieux, les civilisations, les hommes. Et pourquoi ne la ferait-on pas précéder d'une sorte d'initiation civique au milieu actuel ? Dans tous les cas, les rédactions doivent être résolument proscrites. Les élèves ont entre les mains de courts mémentos. Tous les développements sont faits de vive voix par le professeur ; et quant aux élèves, leur science doit prendre place dans leur tête, non dans leurs cahiers. On peut trouver que la religion et le français occupent sur le programme une place qui n'est pas en rapport avec ce qu'on en apprend. La première pourrait sacrifier quelque chose de l'enseignement du dogme, pour faire faire aux jeunes gens une connaissance plus intime avec les textes de la Bible et de l'Évangile. Quant au français, il est sans doute flatteur pour nous que, dans la nouvelle répartition des heures d'enseignement, en 1882,

il ait vu s'accroître plus qu'aucune autre matière le temps
qui lui est attribué ; mais les résultats obtenus ne sont pas
en proportion avec les efforts qu'on lui consacre ; c'est ce
dont je puis me porter garant. La plupart des maîtres attachent une importance énorme à la grammaire ; ils arrivent,
à force de recherche, à s'embarrasser dans un réseau de règles inextricables et à construire des modèles de phrases
qui sont, pour un Français, un sujet d'étonnement profond.
Ils sont prédisposés à cette prédilection pour la syntaxe par
les études de vieux français et de philologie romane qu'ils
ont faites généralement à l'université. Et puis, il est plus
facile, pour un esprit appliqué d'apprendre parfaitement une
grammaire que de savoir passablement une langue. La conversation leur est peu familière. Souvent ils corrigent chez
leurs élèves, avec une insistance infatigable, une prononciation qui vaut au moins tout autant que la leur. Ils les
tourmentent pour leur faire faire, entre les mots, les liai-
sons les plus recherchées, ce qui est exécuté d'une manière
lourde et pédante. Grâce à ce double fantôme d'une grammaire insurmontable et d'une prononciation inaccessible,
ils finissent par faire du français un épouvantail pour leurs
élèves, et j'en ai vu qui, après avoir eu pendant quatre ou
cinq ans trois ou quatre heures de leçon par semaine,
étaient incapables de dire correctement s'il pleuvait ou s'il
faisait beau temps. Il semble que sur ce point, la pédagogie allemande ait pris à tâche de se contredire elle-même.
Des ouvrages d'enseignement qui sont dans toutes les
mains (1) sont pleins d'une foule de petites phrases détachées et baroques, sans aucun lien ensemble, sans aucun
intérêt, dignes des manuels de conversation de l'autre siècle

1. Ceux de Plœtz. Ils me représentent assez bien une *crux discipulo-
rum*.

ou rappelant ce style étrange qui n'appartient qu'aux « modèles de lettres ». On explique des tragédies de Corneille et de Racine, ce qui est bel et bon, mais n'offre, en somme, aux élèves qu'une langue artificiellement composée il y a deux siècles. Les vertus de Burrhus et la perfidie de Narcisse ne parviennent pas à émouvoir les fibres de nos jeunes Allemands, et beaucoup m'ont confié sincèrement que la classe de français pesait sur eux d'un ennui mortel. Chose curieuse, c'est à mesure qu'on s'éloigne du gymnase (1), à mesure qu'on descend d'un degré dans la hiérarchie des établissements d'instruction publique, que l'enseignement du français devient meilleur. Passable dans les écoles réales, il est presque tout à fait bon là où nous l'avons déjà vu, dans les écoles de filles. Aussi arrive-t-il souvent que, dans un ménage allemand, la maîtresse de la maison cause fort bien en français, tandis que son mari n'en peut dire quatre mots.

Les jeunes gens des universités allemandes, qui ont consacré, dans le gymnase, de si longues heures à notre langue, forment, par leur incapacité de la manier, un contraste frappant avec ceux qui viennent de presque tous les autres points de l'Europe : ceux-ci, envoyés par des pays où la pédagogie n'est pas cultivée, peuvent tous parler français et s'en servent souvent comme d'une seconde langue maternelle.

Un autre phénomène très défavorable des gymnases et qu'ils laissent presque constamment observer, c'est que leurs élèves perdent de leur ardeur dans les hautes classes et commencent à s'y ennuyer. Nos lycées offrent, à cet égard, une comparaison fort avantageuse. Bon nombre de nos

1. Ces observations laissent naturellement de côté le « gymnase français » de Berlin, où l'on atteint des résultats exceptionnels, et quelques classes conduites par des maîtres expérimentés.

élèves commencent justement, en rhétorique et en philosophie, à prendre un vif intérêt à la classe. Il faut attribuer ce résultat aux nouveaux horizons qui leur sont ouverts, à l'extension de leur liberté de travail et d'esprit, aux aptitudes très artistiques et très littéraires de notre race qui commencent à s'éveiller en eux et auxquelles une carrière aplanie est enfin ouverte, à nos instincts de raisonneurs qui, pour la première fois, trouvent là des aliments de haute valeur. Aussi certains pédagogues allemands verraient-ils volontiers qu'une certaine nouveauté dans les méthodes, et même dans les matières de l'enseignement, signalât l'entrée dans les hautes classes du gymnase, piquât et ranimât l'intérêt des élèves, formât une transition entre le gymnase et l'université, si absolument différents aujourd'hui l'un de l'autre. L'opportunité d'un cours de philosophie trouve même des défenseurs. Dans quelques gymnases, deux heures de la classe de *prima* sont données chaque semaine à l'étude des *éléments d'Aristote*, édités par Trendelenburg. Le maître pose des problèmes de logique, excite à trouver des exemples conformes aux règles et aux lois dont il parle. Sa méthode se rapproche cependant un peu de l'exposition magistrale, et les élèves prennent librement des notes. En somme, ce cours est tout à fait insuffisant comme introduction à l'étude générale de la philosophie, et beaucoup d'étudiants, j'ai eu l'occasion de m'en convaincre, écoutent, à l'université, des séries de leçons qu'ils ne comprennent pas du tout ou qu'ils comprennent mal. La morale ne figure nulle part sur le plan d'études et mériterait peut-être d'être mieux traitée. L'économie politique elle-même aurait sans doute quelques lumières à ouvrir à des jeunes gens prêts à entrer directement dans la vie et dans la société.

CHAPITRE X

LE COMPTE RENDU ANNUEL DES DIRECTEURS

(Das Programm)

Sa nature. — Renseignements qu'il donne sur le devoir écrit. — Suite
de l'analyse du « programme ». — Les trois sortes d'examens qui
ont lieu au gymnase. — Vie commune et active à l'intérieur du
gymnase.

A la fin de l'année scolaire, c'est-à-dire à Pâques, chaque
directeur d'un établissement d'enseignement secondaire en
Allemagne publie un document qu'on appelle *programme*.
Mais le mot ne doit pas tromper sur la nature de la publica-
tion. C'est une sorte de compte rendu de tout ce qui a été
fait et de tout ce qui est arrivé dans l'année. Il porte, en
même temps que son titre, une invitation d'assister à la
séance d'adieu des élèves sortants de l'école, et, d'autre part,
aux examens publics des classes. On y joint, en général, une
dissertation critique en latin ou en allemand, composée par
un des professeurs de l'établissement.

Il y a d'abord une chronique générale de l'année (1). Le
directeur en raconte les incidents principaux ; si on a reçu

1. J'ai sous les yeux, pour écrire ce passage, les programmes du
gymnase français, 1883 ; des gymnases du Joachimthal, 1882 ; Zum-
grauen Kloster, 1884 : Kölnisches Gymnasium, 1883 : Luisenstadti-
sches Realgymnasium, 1883 ; Falk-Realgymnasium, 1883 ; de la Lui-
enstädtische Oberrealschule (Gewerbe schule) 1884 ; de l'Ecole de commerce (Handelschule) 1882, à Berlin ; du Königlisches Gymnasium de
Leipzig, 1883 ; de l'Ecole de commerce de Dresde, 1884.

des visites illustres, si on a dédoublé des classes, si on a eu
des morts, si les professeurs ont été malades et forcés d'in-
terrompre leur cours, qui les a remplacés et comment. Si
quelques-uns ont été appelés dans d'autres établissements,
il exprime les regrets et les félicitations du gymnase ; il sa-
lue leurs remplaçants avec des paroles de bienvenue et raconte ce qu'a été jusqu'à ce moment leur vie et leur carrière.

Un second chapitre, très intéressant et très instructif pour
les gens du métier, est constitué par les sujets de composition
écrite ou de dissertation qui ont été donnés dans chacune
des classes pendant tout le courant de l'année. Ce qui frappe
d'abord, c'est leur petit nombre. Il n'y en a guère qu'une
douzaine par an pour les classes moyennes d'un gymnase et
ce chiffre descend de moitié dans les classes supérieures. J'ai
déjà dit que le devoir écrit tenait une place restreinte dans
la pédagogie allemande et laissait un vaste champ libre à l'enseignement oral. Les professeurs ont assez généralement de
20 à 25 heures de leçons par semaine ; et ces leçons, où la
communication d'esprit avec les élèves doit être constante,
demandent, pour être sûres dans le détail et bien conduites
dans l'ensemble, à être, pour la plupart, un peu, préparées
d'avance. La tâche du maître étant, de ce chef, si considérable, le petit nombre des devoirs écrits permet seul qu'ils
soient tous corrigés. Si l'on examine leurs sujets ou leurs titres, on voit que la forme du discours n'y est presque jamais
employée. Ce sont des récits d'événements auxquels on a
assisté ; des considérations critiques, historiques, littéraires,
à propos des textes qu'on a expliqués ; plus rarement la discussion d'une pensée morale. Ce dernier genre d'exercice ne
doit être abordé qu'avec beaucoup de discrétion. J'ai entendu
condamner avec vivacité des sujets comme ceux-ci, donnés
à des élèves de la seconde classe d'un gymnase : « Quel est

« le souverain bien ? — Quel est le souverain mal ? -- Don-
« ner vaut mieux que recevoir. — Le génie est une longue
« patience. — *Homo sum, nihil humani a me alienum*
« *puto.* » Ces pensées ou ces questions ne reçoivent quelque
jour que de réflexions ou d'expériences qui ne sont pas du
domaine de l'extrême jeunesse. Mieux vaut demander aux
enfants leurs impressions ou leurs jugements sur ce qui est
le plus capable de les toucher, sur les personnages des
poèmes ou des drames qu'on étudie avec eux ; mieux vaut
arrêter leur attention sur la marche et le plan des ouvrages
qu'ils viennent de lire, leur en demander l'analyse, leur en
faire remarquer la progression et le mouvement.

Enfin il serait peut-être bon de ne pas les exercer seulement
à écrire, mais à exposer oralement ; le talent de distinguer
promptement ses [propres pensées et de les exprimer sans
confusion est plus souvent de mise dans la vie que celui de
les coucher sur le papier, et c'est une imperfection très sensible de n'avoir de clarté et d'éloquence que la plume en main.

Dans une troisième partie sont énumérées toutes les ac-
quisitions dont le gymnase s'est enrichi ; elles se répartissent entre la bibliothèque générale et celle des élèves, le
cabinet de physique, les collections relatives à l'enseignement des mathématiques, des sciences naturelles, de l'histoire et de la géographie, les appareils de gymnastique, le
matériel nécessaire à l'étude du chant et du dessin. S'il y a
des donateurs, et il n'en manque jamais, soit parmi les
élèves et les anciens élèves, soit parmi les professeurs et les
amis du gymnase, ils sont expressément remerciés, même
pour les plus petites choses.

Quelques programmes donnent la liste de tous les livres,
manuels, recueils que le gymnase met entre les mains des
professeurs et des élèves et indique dans quelle classe ils
sont en usage.

Quelques-uns publient aussi l'état nominatif des élèves de chaque classe et de chaque division. Plusieurs se bornent à nommer ceux qui ont quitté le gymnase dans l'année et à dire sommairement s'ils continuent ailleurs leurs études ou prennent immédiatement un métier.

Un tableau d'ensemble ressaisit tout le plan d'études du gymnase, exposant aux yeux le détail de toutes les leçons que reçoit chaque division dans une semaine, le nom des professeurs qui les donnent et la somme des heures d'enseignement qui incombe à chaque maître.

Une rubrique spéciale est affectée à l'examen de maturité, celui qui correspond à notre baccalauréat et dont le diplôme est délivré en Allemagne, sous le contrôle d'un commissaire du gouvernement, par les établissements de l'enseignement secondaire eux-mêmes.

Les examens qui ont lieu dans les gymnases allemands sont de trois sortes, les examens de passage d'une classe à l'autre, les examens publics pour lesquels le « programme » sert d'invitation et cet examen de maturité.

Les examens de passage (*Versetzungsexamina*) ont lieu à la fin de chaque semestre. Ils se composent de plusieurs épreuves écrites (*extemporalia*), à la suite desquelles il y a une épreuve orale. Celle-ci n'est guère qu'une inspection de la classe par le directeur, et elle se passe en interrogations faites aussi bien par le professeur que par le directeur lui-même. A la suite de l'examen, tous ceux qui en sont capables sont autorisés à entrer, à la réouverture des cours, dans la classe supérieure.

La situation où les autres se trouvent placés, est souvent moins triste que celle de nos lycéens dans le même cas ; car, dans beaucoup de gymnases, le retard qui résulte d'un échec à l'examen de passage est de six mois, et non pas d'un an. Les classes sont dédoublées, quand cela est possible, et « la première division commence ses cours à Pâques, la « seconde à la Saint-Michel. Lorsque, à la fin du cours, un « élève n'est pas jugé capable de passer dans la classe su- « périeure, il entre dans la division correspondante de la « classe où il a été jusqu'alors, pour être mis en demeure « d'être promu au bout de six mois (1). » D'autre part, la pédagogie allemande, comptant moins que la nôtre sur les efforts individuels et isolés de l'élève, ne favorise pas l'é- parpillement des forces de la classe, et celle-ci forme comme un peloton qui court sans se disperser. Il en résulte que le passage des élèves d'une classe à l'autre se fait avec beau- coup de garanties et que les examens entraînent peu de dif- ficultés administratives. En fait, l'épreuve est loin de déci- der seule du sort des élèves. Le directeur et les maîtres savent parfaitement à quoi s'en tenir sur la force et les droits de chacun. L'examen de passage n'est qu'un prétexte pour arrêter les incapables et une formalité destinée à sti- muler l'ardeur des autres à la fin du semestre et à leur faire rassembler dans un même effort le gain des six derniers mois. C'est aussi un contrôle des résultats de l'enseignement du professeur par le directeur.

Il n'y a pas de distribution solennelle des prix et il n'y a même pas de prix pour chacune des branches de l'enseigne- ment. On décerne seulement quelques livres et quelques mentions générales d'application et de progrès.

Quant aux examens publics auxquels le programme con- voque les parents des élèves et les amis du gymnase, ils n'ont pas d'importance administrative. Ils ont le même but que les examens analogues de l'enseignement primaire dont j'ai parlé plus haut (chap. V), et je n'y reviens pas. Ils sont

1. Programme du collège royal français de Berlin 1883, p. 29.

souvent précédés et suivis de chants exécutés par les élèves et forment comme une cérémonie de nature à toucher ou à intéresser tous les assistants.

Ce n'est pas ici la place de reproduire en détail l'organisation des épreuves de l'examen de maturité. Le « programme » indique les sujets qui ont été donnés par les professeurs, pour en constituer l'épreuve écrite d'admissibilité ; le public peut aussi contrôler la difficulté de ces sujets et aucun gymnase n'oserait, sous la surveillance des autres, accuser une tendance à faciliter l'examen à ses élèves. Rien ne se fait, d'ailleurs, sans l'assentiment du commissaire du gouvernement, qui garde la haute main. Cet examen, ainsi constitué, n'échappe pas à bien des critiques que nous adressons à notre baccalauréat. On lui reproche à la fois de témoigner, par ses dispositions administratives, d'une défiance de l'État vis-à-vis des corps de professeurs et de donner lieu à des indélicatesses et à des fraudes. Comme tous les examens, il provoque une tendance à extérioriser l'instruction et l'éducation et aboutit à faire, en grande partie, de la correction grammaticale l'arbitre du destin et de l'avenir de beaucoup de jeunes gens. Ces inconvénients sont inséparables d'une épreuve de cette nature. Il faudrait peut-être avoir dans la liberté plus de confiance qu'on n'en a et faire dépendre de travaux personnels la délivrance d'un certificat de maturité. Si on considère l'âge auquel les jeunes gens passent cet examen, on s'aperçoit qu'ils ont alors, en moyenne dix-huit à dix-neuf ans, et cet âge est dépassé de beaucoup par un certain nombre des candidats. Un terme des études aussi éloigné explique, en partie, la dépopulation des hautes classes des gymnases et rend plus pertinente encore la critique de leur méthode que j'ai rapportée plus haut. Le programme ajoute au nom des jeunes gens qui sortent du gymnase, après avoir satisfait à l'épreuve, la profession à laquelle ils se destinent ou les études universitaires qu'ils entreprennent.

Enfin certains programmes publient les comptes financiers de l'établissement, souvent propriétaire de fondations et de legs, et une liste des actes des autorités qui président à l'enseignement secondaire dans la circonscription : décisions, arrêtés, circulaires, etc. Il donne le plan de l'école de vacances, quand on a jugé à propos d'en établir une, et annonce aux familles à quel moment elles pourront trouver le directeur.

L'intérêt multiple d'un document de cette nature n'est pas niable. Il n'est pas difficile à établir et il vaut bien des fois la peine qu'il coûte. L'impression générale qui ressort de sa lecture, c'est que le gymnase a une vie propre et accuse dans toutes ses parties une certaine solidarité active. Le directeur lui-même n'est qu'un maître élevé au-dessus des autres et il a toujours, par semaine, plus de dix heures d'enseignement. Le corps des professeurs est intéressé au succès de l'établissement comme l'équipage à la marche du navire, et, par la liberté assez grande qu'il a pour se recruter, pour décider des différentes questions et organisations administratives du gymnase, il dépend, en bonne partie, de lui de mettre tout en voie de prospérité ou de décadence. Les grandes villes comptent en général plusieurs gymnases et les uns sont toujours prêts à profiter des pertes que font les autres.

On voit par les programmes que l'initiative des élèves ne fait que s'exciter au contact de leurs professeurs. La chronique de ces documents nous parle des souscriptions qu'ils ont organisées pour soutenir des œuvres de bienfaisance ou soulager les sinistrés de quelque grande calamité publique, comme l'incendie ou l'inondation. Ils fondent aussi des caisses de voyage qui servent à faire de longues excursions pendant les vacances. Tous les ans, ils célèbrent par des cérémonies communes, dans la grande salle des actes ou « *aula* » du gymnase, les dates et les anniversaires nationaux : la bataille de Sedan, l'introduction de la Réforme dans la province, Noël, la naissance de l'empereur. Quelquefois, ils y donnent un bal, la représentation d'une comédie allemande ou même un drame grec. S'il meurt quelqu'un des professeurs ou des élèves, on déplore ce malheur dans une cérémonie funèbre, où l'on chante des chœurs de circonstance et où l'on tient des discours en commémoration du mort. De temps à autre, un professeur qui a rendu des services spéciaux ou qui exerce son métier depuis un long laps de temps, reçoit des marques particulières de sympathie et d'honneur (1). Un pédagogue, par des services éminents ou des ouvrages considérables, a-t-il assuré la prospérité de la maison ou l'a-t-il illustrée ? le gymnase lui élève souvent, par souscription, un buste ou un monument après sa mort, et son souvenir se perpétue dans le milieu qu'il a le mieux servi et le plus aimé.

1. Le programme du Falk-Realgymnasium, Berlin, 1883, p. 18, nous apprend, par exemple, qu'à la fête de clôture du semestre d'été, « pendant « la cérémonie de la promotion des classes et des adieux des élèves « sortants, le chœur des chanteurs a offert à M. P., comme souvenir, « un bâton à battre la mesure artistement travaillé. »

CHAPITRE XI

LES ÉCOLES RÉALES

(*Realgymnasium — Oberrealschule.*)

L'école réale. — Ses origines et son histoire. — Discussions pédagogiques sur l'essence de l'école réale. — Guerre des réalistes et des
humanistes. — Nouveau plan d'études du gymnase réal et son rapprochement avec le gymnase classique. — Imperfections du gymnase réal. — Son avenir. — L'école réale supérieure.

Les gymnases dont nous venons de parler, qui portent
sur leur plan d'études l'enseignement des deux langues
anciennes, le grec et le latin, et qui, depuis 1811, étaient en
possession exclusive de leur titre, ne sont plus aujourd'hui
en Prusse les seuls établissements auxquels ce titre soit
officiellement donné. Depuis longtemps, il s'est élevé en
Allemagne une autre école d'enseignement secondaire, dont
l'essence était d'opposer à l'éducation verbale des humanités une instruction orientée vers l'étude des faits, des choses,
des sciences, des réalités, et qui, à cause de cela, avait reçu
le nom d'école réale (*Realschule*). Son développement présente
cette double particularité, qu'elle n'a jamais bien su elle-
même ce qu'elle était ni ce qu'elle devait être, et que, pourtant, elle n'a cessé de croître, de s'étendre et de se fortifier.
C'est la preuve qu'elle répondait à un véritable besoin
national, et, comme il arrive si souvent dans ce cas, une
institution se développe en vertu de sa propre nature et de
la force des choses, sans attendre que les théoriciens aient

fixé dogmatiquement ses traits. Ils croient avoir déterminé sa manière d'être et ses lois et, tandis qu'ils y travaillent, elle a déjà changé de forme et dépassé le champ qu'ils lui assignaient. Hier encore, l'école réale était définie un établissement de préparation pour les professions pratiques et les hautes écoles techniques (1) et aujourd'hui elle a la prétention d'être avant tout un établissement de culture générale. Cependant, le plus grand nombre de ses élèves l'abandonne avant d'en avoir reçu cette culture et entre directement dans les professions pratiques de la société. En même temps, elle obtient un nouveau succès et, en 1882, reçoit le nom de gymnase réal, entrant ainsi en partage du titre auquel était attachée, dans ce siècle, l'idée d'une culture libérale et toute théorique.

Wiese (2) résume à peu près ainsi l'histoire de ses origines : « L'unité et la simplicité du plan traditionnel des hautes études, fondé sur l'enseignement des langues anciennes, fut troublée par l'action des écrits pédagogiques de Comenius (3) et par la considération des exigences de la vie pratique. Au XVIIIe siècle, il s'éleva peu à peu, soit sous l'influence de la pédagogie piétiste, soit sous celle des tentatives philanthropiques suscitées par J.-J. Rousseau et Basedow (4), des écoles où l'emportait le caractère réal. Bon nombre de gymnases, au siècle passé, sans changer leur nom, s'orientèrent vers les connaissances et les études utiles, immédiatement applicables à la vie, et devinrent en fait des écoles réales. Ce nom fut employé pour la première fois à Halle,

1. Wiese, 1869, p. 729.
2. Wiese, 1864, p. 26 et suiv.
3. Comenius (1591-1671), l'auteur célèbre de l'*Orbis sensualium pictus*, et par là, un des premiers initiateurs de l'enseignement intuitif.
4. Basedow (1723-1790), pédagogue allemand, fondateur d'un *Philanthropinum*, établissement d'éducation où dominait l'influence de l'*Emile* de Rousseau.

par le diacre Christoph Semler (1). Après avoir échoué
dans une première tentative de ce genre, il fonda dans cette
ville, en 1738, une « École réale mathématique, mécanique
et économique approuvée par le gouvernement royal prussien du grand-duché de Magdebourg et par l'Académie
royale des sciences de Berlin ». Cette école n'eut qu'une
durée éphémère. Cependant des essais du même genre
furent faits depuis lors en divers endroits. L'établissement
le plus important pour la Prusse dans cette direction et avec
cette destination est l'école réale fondée, en 1747, par Joh.-
Jul. Hecker. Après maintes épreuves malheureuses, elle
reçut du directeur Aug. Spilleke, à partir de 1882, une organisation répondant à la pensée d'une école qui songe à
favoriser les vocations pratiques de la vie, sans exclure pour
cela les principes d'une culture libérale de l'esprit. Il vint
un temps où la bourgeoisie montra une grande préférence
pour l'école réale et où beaucoup de communes firent des
dépenses considérables pour des établissements de ce type.
Le gouvernement laissa le champ libre au développement
de cette tendance, mais il maintint de son côté que l'emploi empirique du principe de l'utilité exclut l'idée d'un
établissement de haute culture générale et n'est pas propre
à satisfaire aux véritables besoins de la vie. Frédéric le
Grand lui-même n'admettait pas, notamment, que la préparation à un métier pratique pût se passer du latin.

Le premier fondement précis que l'organisation des écoles réales reçut du ministère de l'Instruction publique fut
« l'instruction provisoire sur les examens de sortie à instituer
dans les écoles bourgeoises supérieures et les écoles réales »
instruction du 8 mars 1832, préparée par le conseiller intime
du gouvernement, docteur Kortüm. L'indétermination précédente sur le choix et la mesure des matières de l'enseigne-

5. Semler (1669-1740).

ment en fut diminuée ; un but précis lui fut assigné. Acquérir le droit d'avoir des examens de sortie auxquels étaient attachés d'importants avantages, tel devint l'objet du zèle ardent de toutes les écoles de cette catégorie.

Il était de l'intérêt des gymnases aussi bien que des écoles réales elles-mêmes de faire reconnaître plus explicitement encore l'indépendance de ces dernières par rapport aux premiers. Simplifier le programme du gymnase conformément à son idée primitive et le concentrer sur lui-même n'était possible qu'autant qu'il serait fait droit en même temps aux exigences d'une culture plus réaliste et aux besoins d'une jeunesse exclue de toute autre étude. D'autre part, les progrès des sciences naturelles, aussi bien que le développement de la vie publique et de l'industrie appelaient ce mouvement de la manière la plus impérieuse.

C'est dans ce sens que l'organisation indépendante des écoles réales fut poursuivie par l'ordonnance du 6 octobre 1859, relative à l'enseignement et aux examens des écoles réales et des écoles bourgeoises supérieures. Les écoles réales qui présentaient, comme les gymnases, un système de six classes ascendantes et mettaient le latin sur leur plan d'études, reçurent le nom d'*écoles réales de premier rang* ; celles qui, avec le même système de classes, excluaient le latin, s'appelèrent *écoles réales de second rang* ; celles auxquelles manquait la classe supérieure et qui jouaient vis-à-vis des écoles complètes le même rôle que les progymnases vis-à-vis des gymnases, furent désignées sous le nom d'*écoles bourgeoises supérieures*. Elle avaient toutes pour distination de fournir une préparation scientifique générale aux professions pour lesquelles les études de l'université ne sont pas exigibles (1).

1. Wiese, *loc. cit.*, et Sander, *Lexicon der Pädagogik*, art. *Realschule*, p. 392.

Voilà précisément ce que l'école réale ne pouvait pas accepter d'une manière définitive. Sans doute, les *Polytechnicums*, qui sont les universités techniques de l'Allemagne, lui constituaient une continuation naturelle et hospitalière. Mais ils n'avaient encore ni le nombre, ni l'importance, ni la forme complète où on les voit aujourd'hui (1). D'ailleurs, l'université proprement dite a pris dans la vie allemande une place si considérable, elle est si universellement considérée dans l'opinion publique comme la condition nécessaire de toute éducation complète, elle commande l'entrée de tant de carrières, que l'école réale ne pouvait se résigner à en voir l'accès interdit à ses élèves. Dès lors commençacette grande campagne des réalistes qui dure encore et dont la fin ne pourrait arriver que le jour où les élèves sortant des écoles réales auraient l'inscription libre à tous les cours de l'université.

Cependant, le gymnase profitait des droits qui lui étaient reconnus à conserver l'originalité de son plan, et Wiese, pouvait écrire dans son ouvrage de 1869 (p. 31) : « Les gymnases jouissent des bénéfices d'une considération ancienne. A la vérité, au milieu du mouvement intellectuel de ce temps, ils ne laissent pas que d'être attaqués ; et des voix se font occasionnellement entendre d'après lesquelles leur prérogative a assez longtemps duré : il faudrait faire des mathématiques et de la science naturelle, cette maîtresse des esprits, le centre de leur programme et rejeter les langues anciennes dans une place accessoire. Pourtant, comparés avec les écoles réales, ils accomplissent leur tâche dans la tranquillité d'une retraite relative, toujours soutenus par la confiance et par le sens de la nation qui honore

---

1. Sander, *Lexic. der Pädag.*, art. *Polytechnische Schule*, p. 358, et *Technische Hochschulen*, p. 480.

la science et veut la voir propagée. Les écoles réales sont beaucoup plus exposées au courant de la vie publique, subissant le contre-coup de ses besoins et de ses exigences, sans pouvoir y faire face de tous côtés. L'idée de l'école réale lutte vers une forme plus arrêtée. »

Rien de plus curieux que le résumé donné par Wiese d'une foule d'écrits où l'on essaye de déterminer cette forme. C'est l'écho d'une véritable Babel pédagogique. Au milieu de ces dissentiments, une seule vue d'ensemble paraît subsister. On peut craindre qu'en encombrant un trop jeune esprit de connaissances réelles, on ne réussisse plutôt à le remplir qu'à le cultiver. L'essentiel est de lui faire acquérir d'abord une force et une énergie propres, qui lui permettent de s'assimiler ensuite les matières qu'on lui offre. Dans l'école réale elle-même, c'est la culture de l'esprit qui doit amener la vocation pratique et conduire à des études spéciales. Il fallait donc joindre aux objets de l'enseignement réal des éléments d'une valeur éthique et, parmi eux, sans doute, quelque étude des langues.

Mais la question venait-elle de savoir quelle était, à proprement parler, la destination de l'école réale, quelles matières devaient former le centre de son plan d'études et prendre chez elle la place que le grec et le latin ont au gymnase, aussitôt la discorde la plus complète régnait au camp pédagogique. Quelques-uns, tout en reconnaissant que les écoles réales n'étaient pas des écoles industrielles, commerciales, professionnelles ni techniques, n'avaient pas encore pris leur parti d'en faire des établissements de culture générale. Les autres étaient déjà décidés à les mettre sur le même pied que les gymnases, mais ils convenaient que le but devait être différent de part et d'autre. Aux gymnases était laissé le soin d'évoquer le sens scientifique et critique; l'école réale devait plutôt former le sens pratique et rendre les esprits habiles à appliquer des connaissances générales aux cas particuliers, aux « espèces » réelles que suscite le cours habituel des choses. Il s'agissait donc de pourvoir à la « culture idéale », autrement dit à l'éducation des esprits réservés plus tard à l'activité des hautes situations industrielles, et cela par une voie plus courte que les gymnases.

Un des combats les plus acharnés se livrait autour du latin. Les uns voulaient le garder, comme un des moyens de culture les plus efficaces que l'histoire et la tradition nous aient transmis, mais les autres le repoussaient comme appartenant proprement à l'espèce d'éducation qu'on prétendait remplacer. Quelques-uns allaient si loin dans leur aversion pour lui, qu'ils proposaient hardiment de le remplacer par le grec. Des conciliateurs reconnaissaient à la fois la difficulté de faire des humanités à l'école réale et celle de s'en passer; et ils croyaient écarter tous les inconvénients, concilier tous les intérêts, en mettant les traductions des auteurs anciens au centre du programme.

Un point qui n'était pas contesté, c'est qu'une place devait y être faite pour les langues vivantes. Mais les uns voulaient pour elles cette même place centrale, cette sorte de souveraineté relative à laquelle tant de candidatures étaient posées. Il fallait pour cela les traiter par la même méthode grammaticale, littéraire et philologique qu'on a l'habitude d'appliquer au latin et qui les rendrait capables de le remplacer. Les autres, au contraire, soutenaient qu'il importait avant tout de les apprendre et de les savoir à un point de vue pratique, pour être en état de s'en servir. Certains philologues leur opposaient cette objection péremptoire, que les langues modernes n'ont pas, pour la formation de l'esprit, la même valeur que l'étude d'une langue ancienne ; et, comme on ne voulait plus du latin, ils proposaient à sa place le haut allemand du moyen âge. On voyait percer parfois comme « l'aveu involontaire de ce fait, que la discipline grammaticale des études classiques et l'interprétation méthodique des auteurs ont en elles-mêmes une telle solidité, qu'elles soutiennent même un enseignement faible ». « Les réalités, ajoute Wiese, sont moins propres que les langues à façonner l'esprit, parce que celles-ci constituent les moules où la pensée trouve immédiatement des formes. »

Pendant que ces discussions se poursuivaient, l'école réale de premier rang continuait, en fait, sa marche ascensionnelle, et il devint bientôt évident qu'elle s'assignait « un but plus élevé que celui marqué par l'ordonnance du 6 octobre 1859 à son enseignement et à ses examens, qu'elle tendait à obtenir pour ses élèves l'admission aux études de l'Université, c'est-à-dire à être mise sur le pied de l'égalité avec les gymnases (1). » Pour l'aider à conquérir cette haute situation, plusieurs villes envoyèrent des pétitions répétées à la Chambre des députés ; enfin, le ministre de l'Instruction publique, M. de Mühler, provoqua, le 9 novembre 1869, une consultation de toutes les Facultés académiques de Prusse. La plus grande partie se prononcèrent délibérément contre les prétentions de l'école réale et refusèrent de recevoir ses élèves ; au moins exigeaient-elles, avant de le faire, que son enseignement reçût des modifications considérables. Plusieurs considéraient le maintien du *statu quo* comme une question vitale pour la culture allemande et exprimaient d'avance la crainte que la complaisance du gouvernement n'abaissât le niveau des études universitaires en Allemagne. Cependant, le 7 décembre 1870, le ministre ordonna que les témoignages de maturité des écoles réales de premier rang

1. Pour ceci et la suite, voy. Wiese, 1874, p. 33 et suiv.—Le tissu de toute cette exposition est fait, d'ailleurs, en grande partie, avec des emprunts au texte même du document allemand.

conférassent le droit de s'inscrire à la Faculté de philosophie des Universités.

C'était une demi-mesure, mais pleine de signification. La Faculté de philosophie est, en effet, dans l'Université allemande, la Faculté des sciences, comprenant mathématiques, sciences naturelles, physique, chimie, physiologie, botanique, géologie, économie politique, finances, statistique comparée, histoire et géographie, ethnologie et ethnographie, etc., etc., et les relations établies entre cette Faculté et l'école réale devaient contribuer à affermir chez celle-ci les études qui paraissent lui revenir en propre : les mathématiques, les sciences naturelles et les langues vivantes. Mais la Faculté de philosophie joint à toutes les branches énumérées ci-dessus les sciences philologiques et elle cumule, de ce chef, le rôle de notre Faculté des lettres. Or, s'il est permis à un ancien élève d'une école réale de suivre des cours de langue grecque, grâce à un certificat qui ne garantit pas une heure de préparation à ces cours, il peut sembler étrange que la Faculté de médecine lui soit fermée et qu'il n'ait pas accès à la Faculté de droit, où il apporterait du moins des connaissances en latin. Reste la Faculté de théologie, qui ne pourrait manquer de s'ouvrir en même temps que les autres. La lutte devait donc continuer, plus ardente que jamais, autour de l'Université, dont les réalistes tenaient désormais, par la Faculté de philosophie, un des bastions les plus importants.

Dès qu'il fut avéré, par là même, que l'école réale était une avenue de l'enseignement supérieur et prétendait constituer un nouveau système d'éducation générale, les plaintes et les lamentables pronostics ne manquèrent pas de se produire. Des prophètes de malheur annoncèrent que ce dualisme nouveau allait diviser la nation en deux parties incapables de se comprendre réciproquement, et plusieurs affirmèrent qu'ils apercevaient déjà une scission profonde entre les esprits ; quelques-uns n'hésitèrent pas à faire intervenir des considérations de moralité et affirmèrent que le réalisme, à notre époque, menace constamment de dégénérer en matérialisme.

Les réalistes ne restaient pas à court de reproches et imprimaient, noir sur blanc, que le gymnase, avec ses langues anciennes, n'était pas allemand ; que les règles du langage, avec leur cortège perpétuel d'exceptions, n'ont pas la même valeur pour former l'esprit que les lois des mathématiques ou des sciences naturelles. Unis contre l'ennemi, l'élévation de leur fortune, l'accroissement de leurs conquêtes, de leurs visées, de leurs ambitions semblaient toutefois avoir redoublé leurs divisions intérieures. La querelle de la concentration des études ne faisait que s'aiguiser. Les uns voulaient en mettre le centre dans l'enseignement du français, en faire commencer l'étude dès le début des cours et chercher là le fondement essentiel de l'art de la pensée et de l'expression. L'enthousiasme des autres pour l'anglais n'était pas moins excessif ; ils voulaient y trouver non seulement la clef de toute étude des langues, mais même le nerf de l'éducation morale : « Shakespeare devait devenir l'Homère et le Sophocle de la jeunesse des écoles réales. » D'autres encore étaient préoccupés, avant tout, de faire de l'école nouvelle une école nationale, allemande ; d'aucuns ne se contentaient plus pour cela de la langue maternelle et du haut allemand du moyen âge ; ils ne parlaient de rien de moins que d'amener le gothique dans le cercle de leur enseignement.

Des vues plus raisonnables et des arrangements dont l'habileté n'avait rien à voir avec ces utopies se produisaient cependant sur le terrain théorique et pratique. D'après certains pédagogues, l'école réale devait concentrer ses efforts autour des études qui constituaient sa véritable originalité et que l'ordonnance de 1870 lui avait, pour ainsi dire, recommandées spécialement en la mettant en relations avec la Faculté de philosophie, c'est-à-dire les mathématiques et les sciences naturelles, complétées avec mesure par l'enseignement des langues vivantes. On regrettait seulement que la méthode des sciences naturelles, n'étant ordinairement que descriptive, eût peu de valeur pédagogique. La véritable mission de l'école réale, indiquée par le règlement ministériel et par son développement génétique lui-même, n'en était pas moins distinguée là avec précision.

Indépendamment des forces internes qui devaient favoriser le mouvement de l'école réale dans ce sens, il fallait s'attendre à ce qu'elle subît la force d'attraction exercée sur elle par l'Université et à ce qu'elle orientât une partie de ses efforts dans cette direction. Elle a vu sans doute, dans l'espoir de conquérir accès à la terre promise des quatre Facultés académiques, une des raisons les plus solides de faire une large place à l'enseignement du latin. Tandis que des théoriciens voulaient exclure le latin de l'école réale, parce qu'il a avec le reste des matières une relation trop éloignée et n'est pas d'une application pratique à la vie, parce qu'il est surpassé, à tous égards, par les langues modernes et exerce même, disaient quelques-uns, une influence jésuitique sur la jeunesse, d'autres le maintinrent obstinément sur le programme. Ils affirmèrent qu'il était indispensable pour des raisons linguistiques, historiques, pratiques même; qu'aucun esprit ne pouvait être, sans lui, convenablement initié à notre civilisation qui lui doit tout, et qu'en le négligeant l'école réale renoncerait à compter au nombre des établissements de haute culture intellectuelle. Souvent, ce sont des mathématiciens qui, en qualité de directeurs d'écoles réales, ont lutté pour l'accroissement du nombre d'heures consacrées à l'étude du latin, la méthode grammaticale qu'il implique étant, d'après eux, un gage de succès en mathématiques.

Les choses en étaient là quand Wiese écrivait : « En comparant les gymnases et les écoles réales, on reconnaît que celles-ci travaillent beaucoup. L'expérience démontre que, la plupart du temps, elles obtiennent des résultats supérieurs à ceux des gymnases, en mathématiques, en langues vivantes et en sciences naturelles. Mais les gymnases ont l'avantage de donner à leurs élèves un jugement plus cultivé et plus individuel, une conception plus prompte et un sens plus libre, aussi bien dans les sciences que dans l'histoire. Chez les élèves de l'école réale, la réceptivité passive est plus développée, des connaissances mnémoniques et isolées prennent une place prépondérante ; l'opinion d'avoir déjà beaucoup reçu de l'école les rend, d'après l'avis des professeurs d'Université, moins sensibles à l'attrait des recherches scientifiques, moins disposés à les aborder que ce n'est ordinairement le cas parmi les anciens élèves des gymnases. Il va de soi qu'il y a des exceptions radicales de chaque côté. On a remarqué aussi que les dissertations allemandes des élèves sortants du gymnase, comme forme et comme contenu, sont, en moyenne, plus satisfaisantes que celles produites par les examens de sortie de l'école réale.

« Il résulterait de l'expérience d'une longue suite d'années dans l'administration des forêts, que l'éducation du gymnase agit, après coup, même pour favoriser les capacités pratiques des hauts fonctionnaires, plus favorablement que celle de l'école réale. Le ministre du commerce Achenbach annonce également que, d'après des observations faites dans les institutions de son ressort, les anciens élèves du gymnase passent, à quelques exceptions près, avant ceux qui sont sortis des écoles réales. »

Les réalistes n'étaient pas gens à rester sous le coup d'une condamnation aussi superficiellement motivée, aussi timide en somme, et à laquelle on pouvait opposer tant d'objections : la jeunesse relative de l'école réale, par exemple, et l'insuffisance même de la situation qui lui était faite. Ils semblent avoir voulu prouver par leur conduite que leur éducation n'avait pas engourdi leur initiative et n'avait fait aucun tort à leur sens pratique. Ils formèrent une association (Verein der Realschulmænner), qui déploya une activité fébrile dans la presse, tint des congrès annuels et provoqua un mouvement étendu dans le pays (1). Le mot d'ordre et le cri de ralliement fut la revendication de l'égalité avec les gymnases, de l'accès incontesté à toutes les Facultés académiques. Le gouvernement considéra cette agitation avec calme et ne se pressa pas de rien accorder. Il déclara, par l'organe autorisé de M. Bonitz, que la place faite jusqu'ici au latin dans l'école réale de premier rang ne permettait pas d'employer à propos d'elle « le nom bien sonnant de culture classique ». Le double résultat de cette ardeur, d'une part, de cette résistance presque piquante, de l'autre, fut la nouvelle ordonnance du plan d'études du 31 mars 1882.

Le plan d'études du 31 mars 1882 a donné à l'école réale de premier rang le nom de gymnase réal (*Realgymnasium*); gros de promesses. De son côté, l'école réale a fait un bond

1. Pour ceci et la suite, voy. Sander, *Lexic. der Pädag.*, art. *Realschule*, p. 393.

énorme vers l'humanisme. Voici le tableau de ses cours (1) :

REALGYMNASIUM	VI.	V.	IV.	IIIb	IIIa	I b.	II a.	I b.	I a.	TOTAL
Religion	3	2	2	2	2	2	2	2	2	19
Allemand	3	3	3	3	3	3	3	3	3	27
Latin	8	7	7	6	6	5	5	5	5	54
Français	»	5	5	4	4	4	4	4	4	34
Anglais	»	»	»	4	4	3	3	3	3	20
Hist et géographie	3	3	4	4	4	3	3	3	3	30
Histoire naturelle	2	2	2	2	2	2	»	»	»	12
Physique	»	»	»	»	»	3	3	3	3	12
Chimie	»	»	»	»	»	»	2	2	2	6
Mathémat. (calcul)	5	4	5	5	5	5	5	5	5	44
Écriture	3	2	»	»	»	»	»	»	»	5
Dessin	2	2	2	2	2	2	2	2	2	18
Total	29	30	30	32	32	32	32	32	32	281

Si on compare ce plan avec celui du 6 octobre 1859, on trouve que le français, l'anglais, l'histoire et la géographie conservent le même nombre d'heures :

Heures.

	Heures.
La religion a perdu	1
L'allemand	2
L'histoire naturelle / La physique / La chimie	4
Les mathématiques (calcul)	3
L'écriture	2
Le dessin	2

Le latin a gagné 10 heures, gain unique et saisissant. En somme, le gymnase réal a tranché dans le vif de presque toutes les études qui constituent sa nature spéciale et a reporté toutes ses forces sur un enseignement éminemment

---

1. Sander, *Lex. d. Padag.*, art. *Realgymnasium*, p. 389.

propre aux humanités. Or, l'ancien gymnase faisait en même temps, comme nous l'avons vu, un pas considérable vers l'enseignement réal, en sacrifiant de son côté 9 heures de latin. C'est un total de 19 heures dont l'écart se trouve comblé d'un seul coup. Il en est résulté un rapprochement complet entre certaines parties des deux programmes. Le plan des trois classes inférieures est devenu presque identique de part et d'autre, et c'est seulement après ces trois années de cours que les élèves ont à se décider pour l'une ou l'autre des deux formes d'instruction. Alors se présente à eux une sorte de bifurcation, et ils ont à opter entre deux établissements, dont l'un présente plutôt un cours de lettres, dont l'autre est plutôt destiné à l'étude des sciences.

Cette organisation est-elle définitive ? Il est permis de croire que non. Le gymnase réal souffre d'une double série de maux, intérieurs et extérieurs. Conçu, sous sa forme primitive, comme une institution directement préparatoire aux professions pratiques de la société, il n'a pu se débarrasser encore complètement de la chrysalide d'où il est sorti et elle appesantit son essor nouveau. Beaucoup d'élèves lui sont envoyés parce que leurs parents occupent une situation modeste dans le monde et ne peuvent compter ni sur de hautes destinées, ni même sur de longues études pour leurs enfants ; bon nombre sont adressés au gymnase réal, et non au gymnase, uniquement parce qu'ils manifestent des dispositions moins brillantes. Une grande partie quittent donc les classes au fur et à mesure de l'élévation des cours, soit par suite de circonstances de famille qui ne leur permettent pas d'aller plus loin, soit qu'ils se sentent incapables de se maintenir au niveau constamment ascendant des études. Ils alourdissent les classes tant qu'ils les fréquentent, s'en vont avec un demi-savoir plus nuisible qu'utile et laissent dans les divisions supérieures des vides qui en raréfient déjà à l'excès la population. Mais les meilleurs élèves qui, plus favorisés de la nature et de la fortune, constatent leurs propres progrès et voient avec les années grandir devant eux la possibilité d'un avenir plus haut, ceux-là précisément abandonnent le gymnase réal, car il est une impasse pour eux. Sur quatre Facultés académiques, il y en a trois qu'il ne leur ouvre pas. La société réserve ses préjugés les plus favorables et aussi ses meilleures places pour les anciens élèves des gymnases proprement dits. Les sujets les plus distingués du gymnase réal, en arrivant dans les hautes classes, s'empressent donc de déserter et d'aller prendre dans l'établissement rival le brevet de maturité. Il s'établit un échange entre les deux institutions : le gymnase réal voit passer à l'autre tout ce qu'il a de meilleur, et le gymnase d'humanités lui envoie tout ce qu'il a de moins bon. Beaucoup de jeunes gens ne viennent s'inscrire au gymnase réal que pour y conquérir à tout prix le certificat de seconde inférieure, qui donne droit au volontariat d'un an. Les uns s'obstinent à rester là jusqu'à ce qu'ils aient arraché, de guerre lasse, le précieux diplôme ; les autres viennent exprès pour l'assiéger, et il faut aller dans cette classe pour voir de grands garçons de vingt ans, ennuyés de leur personne et de leur travail, affaissés sur leurs tables, moins riches d'esprit que de barbe au menton, et contrastant désavantageusement avec leurs jeunes camarades : lourds traînards qui rendent à l'établissement un bien plus mauvais service que ceux qui le quittent (1).

1. Ce défaut d'harmonie entre les ambitions du gymnase réal et la capacité de ses élèves, ce qu'il leur demande et ce qu'il peut leur donner est attesté par un curieux document, un « avis aux familles » de M. Th. Bach, directeur du *Falk-realgymnasium* à Berlin (programme de l'année scolaire 1882-83). M. Bach avertit les parents que son gymnase est un établissement de haute culture et les supplie de ne pas lui envoyer leurs enfants, s'ils n'ont pas l'intention de leur faire suivre les cours jusqu'au bout.

Malgré toutes ces misères, l'enseignement réal ne cesse de gagner du terrain. « Dans les anciennes provinces de la Prusse, les établissements d'enseignement réal ont augmenté, depuis 1859, de 119 p. 100, les gymnases réals plus spécialement de 170 p. 100, les gymnases classiques seulement de 50 p. 100 ; le nombre des élèves, dans les premiers, s'est accru de 99 p. 100, dans les gymnases réals plus spécialement de 143 p. 100, dans les gymnases et les progymnases seulement de 79 p. 100. Dans les nouvelles provinces, le contraste est encore plus saisissant. Là, les gymnases réals ont augmenté de 567 p. 100 et le nombre de leurs élèves de 730 p. 100, tandis que l'accroissement des gymnases était seulement de 67 p. 100 et celui du nombre de leurs élèves de 66 p. 100. Dans ces chiffres, ajoute l'auteur auquel j'emprunte cette statistique (1), se reflète, en somme, un progrès tranquille et mesuré des gymnases, au contraire une poussée presque tempétueuse des établissements d'enseignement réal. Ceux-là, en pleine possession d'état, de par la tradition et la loi, gagnent, d'un pas lent, avec le secours du temps, ce qui peut encore leur manquer pour arrondir leur domaine intellectuel ; ceux-ci, les établissements d'enseignement réal, sont les fils de notre temps, du temps des télégraphes, des chemins de fer, des machines à vapeur ; comme eux, ils se répandent sans trêve, réformant et transformant le vieux monde et se hâtant toujours en avant. »

Finiront-ils par forcer toutes les portes de l'Université ? On n'en peut guère douter. Les clairons du réalisme sont embouchés, comme on le voit par la citation précédente, avec une vigueur toute particulière. Ils sonnent contre la Jéricho nou-

---

1. A. Petersilie, *Die Entwickelung der hœheren Lehranstalten in Preussen in statistischen Beleuchtung*, article du *Central Organ für die Interessen des Realschulwesens*, Berlin, chez Frieberg et Mode, no du 5 fév. 1884, p. 79-80.

velle avec des accents presque triomphants. « A la septième fois, les murailles *tomberont* (1). » S'il m'était permis, après cette comparaison biblique, de hasarder prophétie sur prophétie, je dirais que ce résultat tant souhaité ne sera pas pour le gymnase réal la fin des tribulations et des évolutions. Ce qu'il enseigne aujourd'hui de latin ne sert qu'à faciliter le passage de ses meilleurs élèves vers le gymnase ; c'est plutôt une machine de siège efficace contre les remparts universitaires qu'un moyen suffisant de donner une éducation à laquelle s'applique « le nom bien sonnant de culture classique ». Il n'est pas téméraire de prévoir qu'après la victoire le réalisme, « fils du siècle des télégraphes », interrogera sévèrement le latin sur ses titres, dans une langue qui ne sera pas celle de Cicéron.

En même temps que l'ancienne école réale de premier rang prenait, par l'ordonnance du 31 mars 1882, le nom de gymnase, celle de second rang, où l'on ne faisait pas de latin, et quelques écoles dites industrielles (Gewerbeschu-

---

1. Tout près de la Prusse, dans une de ses enclaves, les murailles sont déjà tombées. On lit dans le *Berliner Tageblatt* du dimanche 9 mars 1884 : « Dans la lutte pour l'égalité des gymnases et des écoles réales, le gouvernement de Mecklembourg-Schwerin a pris l'avance par une décision qui l'honore. Il s'est déclaré d'accord que les élèves sortant des écoles réales du Mecklembourg pussent étudier ce qu'ils voudraient. D'après une communication de la *Vossische Zeitung*, de cinq élèves sortants de l'école réale de premier rang à Malchin qui ont été examinés ces jours-ci, deux se vouent à l'étude de la théologie, les trois autres ont l'intention d'étudier respectivement la philologie, les mathématiques et la chimie; tandis que, parmi les élèves sortants du gymnase de Waren, il se trouve trois futurs médecins, un étudiant en droit et un élève des postes. Depuis que, l'été passé, un ancien élève de l'école réale, l'étudiant en chimie Waldemar Belk, qui avait déjà remporté deux ans auparavant un prix de sciences naturelles, a obtenu le premier prix dans notre Faculté de théologie, avec un travail scientifique sur le Montanisme, travail imprimé et publié depuis lors, il est parfaitement prouvé que l'éducation de l'école réale n'est pas un empêchement pour l'étude de la théologie.

len), dont les cours étaient fort analogues, furent réunies sous la nouvelle rubrique d'école réale supérieure (Oberrealschule). Ces deux établissements (Realgymnasium et Oberrealschule) forment aujourd'hui les deux types de l'enseignement réal et se distinguent l'un de l'autre en ce que l'un d'eux porte le latin sur son programme et que l'autre ne le porte pas. Au gymnase réal correspond le progymnase réal appelé autrefois école bourgeoise supérieure, et auquel il ne manque que la classe de *prima*. A l'école réale supérieure correspond ce qu'on appelle aujourd'hui « l'école réale, au sens étroit du mot, ou de second rang », à laquelle il manque, par rapport à son type complet, la classe de *prima ;* et, en second lieu, l'école bourgeoise supérieure, au sens nouveau du mot, à laquelle il manque la *prima* et la *secunda* supérieure (1). Tout ceci constitue une phraséologie embrouillée, qui se complique encore par ce fait que les appellations actuelles étaient employées précédemment d'une autre manière. Voici deux tableaux qui mettront peut-être un peu de clarté dans cette confusion :

ANCIEN ÉTAT DES CHOSES.

Ecole réale de 1er rang.	Ecole réale de 2e rang.
Ecole bourgeoise supérieure.	École industrielle.

ÉTAT ACTUEL DES CHOSES·

Gymnase réal.	École réale supérieure.
Progymnase réal.	École réale (2e rang).
	École bourgeoise supérieure.

Les partisans de l'école réale supérieure prétendent que le gymnase réal, avec ses cours de latin, n'est qu'une forme hybride et transitoire entre le gymnase classique et

----

1. Sander, *Lexic. der Pädag.*, art. Realschule, p. 303

la véritable école moderne, ne se chargeant point d'enseigner les langues de l'antiquité (1). N'ayant pas à consacrer 54 heures par semaine au latin, comme le gymnase réal, elle est en mesure de donner plus de temps que lui à toutes les sciences, au dessin, à l'anglais, et particulièrement au français, qui est porté pour 56 heures hebdomadaires sur le plan d'études (2). Le choix des livres de lecture dans notre langue est intéressant : outre Mignet et Erckmann-Chatrian, qui ont pénétré dans bon nombre d'autres établissements, on y voit figurer, avec plaisir, quelques-uns des excellents éloges composés par les secrétaires de notre Académie des sciences(3). Le gouvernement a reconnu, en quelque sorte, l'autonomie et l'originalité de cette école par rapport au gymnase réal, et il accorde également à ses élèves quelques avantages importants : le droit de devenir volontaires d'un an après la *secunda*, celui d'entrer dans le corps des ingénieurs de l'État ou de briguer une place d'enseigne, s'ils ont subi avec succès les examens de sortie. Ils peuvent même jouir de tous les privilèges réservés aux anciens élèves du gymnase réal, s'ils complètent leur propre examen par une épreuve en latin. Il est vrai que cette restriction ne va à rien de moins qu'à ruiner l'économie essentielle de l'école réale supérieure au profit du plan d'études du gymnase réal. L'école réale supérieure lutte, à l'heure qu'il est, contre des difficultés extrêmes. Elle est étouffée par le gymnase réal, qui la voit d'un œil très ennemi. D'autre part, les carrières de l'État sont tellement encombrées en Allemagne que, pour la moindre place, les demandes affluent ; les administrations n'ont que l'embarras du choix entre des candidats qui sortent des deux espèces de gymnases, et n'accueillent point les

1. Sander, *Lexic. der Padag.*, art. *Realschule*.
2. *Ibid.*, art. *Oberrealschule*, p. 318.
3. Voy. par ex. le programme de la *Luisenstädtische Oberrealschule* de Berlin 1884, p. 12.

anciens élèves de l'école réale supérieure ; ceux-ci se voient ainsi dépossédés, même sur le modeste terrain qui leur est accessible, par une concurrence contre laquelle ils ne peuvent rien. Grâce à toutes ces circonstances et à la faveur qui accompagne le gymnase réal dans ses luttes actuelles, l'école réale supérieure ne fait pas de progrès ; mais quand le gymnase réal se sera haussé tout à fait dans la sphère de l'Université, le tour sera venu pour l'école réale supérieure sans latin d'affirmer plus efficacement ses principes et sa valeur. L'avenir dépend, à cet égard, de circonstances multiples et complexes, parmi lesquelles l'histoire future des polytecknicums ne sera sans doute pas une quantité négligeable (1).

Dans certaines villes, les établissements publics d'instruction secondaire combinent de différentes façons les deux enseignements, classique et réal. On peut voir les deux espèces de gymnases comme entrelacées, ou encore une seule des deux formes d'enseignement complète, et l'autre s'arrêtant au niveau du progymnase (2). Il y a aussi un certain nombre d'écoles de commerce (Handelschulen) disséminées dans l'empire, quelques-unes fort importantes, et dont le programme, plus ou moins étendu, est en relations directes avec le but très précis qu'elles se proposent.

1. J'ai déjà mis en garde contre une confusion possible de l'école moyenne et de notre école primaire supérieure. Je voudrais faire une réserve analogue à l'égard des études où M. Bréal a rapproché l'école réale avec latin de notre enseignement spécial. Sans doute, la première a fourni plus d'un trait au second, lorsqu'il fut créé par M. Duruy. Il est vrai aussi qu'elle a rendu à peu près à l'Allemagne, jusqu'ici, les services que nous attendons de notre enseignement spécial. Toutefois, le gymnase réal, tel qu'il est constitué actuellement, correspond plutôt à notre section des sciences qu'à toute autre chose ; l'enseignement spécial français ressemble davantage à l'école réale allemande sans latin. Mais celle-ci est absolument indépendante par rapport à toute autre forme d'enseignement et constitue, avec ses neuf années de cours, un ensemble méthodique et complet.

2. Wiese, 1874, p. 83-84.

CHAPITRE XII

PRÉPARATOIN PÉDAGOGIQUE DES PROFESSEURS

EN ALLEMAGNE

Les séminaires d'Université. — Le séminaire pédagogique de Berlin. — Celui de Halle-Wittemberg. — Ceux de Leipzig. — L'examen pro facultate docendi. *— L'année de stage. — Les cours de pédagogie dans les Université s.*

La bonne qualité de l'instruction en Allemagne provient moins des programmes que de la méthode pour les enseigner, et la bonne qualité de la méthode d'enseignement provient en grande partie de ce qu'on y apprend plus ou moins à enseigner. J'ai indiqué ce qu'on faisait pour cela dans les écoles normales ou séminaires (Chap. VII) : « Que l'Etat ne prenne pas le soin de préparer les professeurs des hautes écoles d'une manière aussi spéciale que les maîtres des écoles élémentaires, cela résulte de la nature scientifique de l'éducation qu'ils ont dû recevoir, avant de devenir professeurs aux gymnases et aux écoles réales. On suppose qu'une application pénétrante aux études scientifiques porte en elle-même une discipline qui forme l'esprit et que la science acquise méthodiquement rend capable de l'employer méthodiquement, tandis que la méthode à laquelle ne se joint pas une connaissance approfondie des matières de l'enseignement se tourne aisément en routine vide et creuse. Cependant, comme une certaine culture scientifique est loin d'épuiser la préparation spéciale à la carrière de professeur, il ne manque pas en Prusse d'organisations pédagogiques dont le but est d'initier au métier de professeur dans les hautes écoles (1). »

Au premier rang de ces organisations, il convient de citer les séminaires des Universités. Malgré l'analogie du nom, il ne s'agit nullement ici d'établissements administratifs semblables aux écoles normales primaires ou séminaires d'instituteurs. Les deux genres de séminaires n'ont que ceci de commun : c'est qu'ils se proposent, chacun dans sa sphère, de donner à certains sujets, dans leur ordre d'enseignement respectif, un savoir assez accompli pour leur permettre de le communiquer et de devenir des maîtres à leur tour.

Un séminaire d'Université est un petit cercle de jeunes gens dirigé par un ou deux professeurs et qui a des séances régulières pour l'étude commune d'une science quelconque. Il y a environ une douzaine de membres ordinaires, auxquels s'ajoutent dans certains cas des membres extraordinaires et des auditeurs. On n'y admet généralement que des jeunes gens qui ont déjà un an d'études académiques et après leur avoir fait subir une épreuve écrite, parfois même orale. Le temps du sociétariat est souvent fixé à deux ans. Les membres ordinaires reçoivent un subside. En dehors de cet emploi, les fonds d'Etat destinés aux séminaires peuvent servir à la rémunération de leurs directeurs et à l'extension de leurs bibliothèques spéciales. Chaque année, un rapport sur le séminaire est fourni au Ministre de l'Instruction publique et accompagné des travaux écrits de ses membres. Ces travaux, aussi bien les mémoires écrits que les exercices oraux, sont en relation directe avec la science particulière que le séminaire est destiné à cultiver (2).

1. Wiese, 1864, p. 525.
2. Pour tous ces détails, voy. Wiese, 1864, p. 525 et suiv.

Il y a des séminaires de toutes sortes, philologiques,
pédagogiques ; il y en a pour l'étude des sciences naturelles,
de la physique, de la géologie, de la botanique, pour celle
du français et de l'anglais. En outre, beaucoup de professeurs organisent tous les ans dans les Universités des exercices
spéciaux, qui sont indiqués au programme du semestre et
qui, sans former des institutions fixes, poursuivent le même
but que les séminaires par les mêmes moyens (1).

Le nombre des séminaires proprement pédagogiques
n'est pas bien élevé ; mais il est impossible de méconnaître
l'importance directe ou indirecte que les autres ont aussi
bien qu'eux, soit au point de vue de l'instruction publique
en général, soit au point de vue pédagogique lui-même.
Celui qui a servi de modèle et de type à tous, le séminaire
philologique de Göttingen, fondé en 1737, a été, dans le
siècle passé, « une pépinière de culture humaniste pour
« l'Allemagne entière » (2). Ils demeurent tous ce que
M. Bersot voyait dans l'Ecole normale supérieure par rapport
à l'enseignement secondaire, un « ferment » de vie, d'activité et de haute culture (3). Ils ont une influence reconnue
sur le bon recrutement des maîtres des hautes écoles et Wiese
écrivait, dès 1864 (p. 525): « L'organisation des séminaires
« a fait absolument ses preuves et ils ont beaucoup contri-
« bué, cela est démontré, à la formation d'un corps de pro-
« fesseurs érudits, pénétré d'activité scientifique. »

Les séminaires plus particulièrement pédagogiques ont la
mission d'initier des jeunes gens « à l'exercice pratique du
métier de professeur sous une liaison constante avec des

1. Wiese, 1874, p. 402 et suiv.
2. Wiese, 1869, p. 602.
3. Au surplus, un séminaire d'Université allemande a une certaine
analogie avec une « conférence » de troisième année à l'Ecole de la
rue d'Ulm ; mais c'est une conférence sur laquelle ne pèserait pas le
souci de l'agrégation.

exercices scientifiques. L'instruction rendue en 1812 pour le séminaire de Berlin et qui est devenue typique pour les séminaires pédagogiques établis plus tard, caractérise leur but en ces mots : qu'il soit formé des professeurs pour les établissements compris sous le nom d'écoles savantes, que par suite on exige des candidats, à leur entrée dans le séminaire, une certaine somme préalable de connaissances philologiques et scientifiques, laquelle ils ont à affermir avec le plus grand soin et à étendre dans toutes les directions pendant leur séjour dans le séminaire. Ils doivent surtout s'y approprier, aussi bien théoriquement que pratiquement, ces connaissances et cette habileté pédagogique qui peuvent seules fonder l'heureux succès de l'enseignement dans les écoles savantes (1). »

Pour satisfaire à ces vues, le séminaire pédagogique de Berlin n'accueille que des candidats « qui ont déjà subi l'examen scientifique de professeurs dans les hautes écoles, et de manière à inspirer confiance dans le caractère sérieux de leurs efforts et la conscience de leurs travaux. Ils ne doivent pas avoir moins de 20 ans ni plus de 30 (2).

« § 5. Chaque membre du séminaire est tenu de donner six heures d'enseignement par semaine dans l'un des établissements publics d'instruction secondaire à Berlin, sans prétendre à aucune rémunération ; de se familiariser avec la marche et la méthode de l'enseignement en assistant à d'autres classes, particulièrement pour la spécialité qu'il enseigne lui-même. La première année de son activité professionnelle avec ces six heures de service hebdomadaire lui est comptée comme l'année de son stage légal.

1. Wiese, 1864. p. 525 et suiv. Sous le nom d'écoles savantes supérieures, etc., il est toujours question ici des établissements de l'enseignement secondaire.

2. *Statuts des Königlichen pädagogischen Seminars für gelehrte Schulen in Berlin.* Berlin, imprimerie Pormetter, 1869, § 4.

« Dans leur service comme professeurs, les séminaristes sont soumis au directeur de l'établissement où ils enseignent, absolument de la même manière que les stagiaires et les professeurs temporaires adjoints occupant une chaire ordinaire. Mais les séminaristes sont en outre sous la surveillance du directeur du séminaire, qui a le droit et le devoir d'assister à leurs leçons; il s'entend avec les directeurs des établissements qu'ils fréquentent comme auditeurs et comme professeurs, au sujet des instructions qu'il convient de leur donner à cet égard.

« § 6. Il est permis aux membres du séminaire de donner en dehors des six classes qu'ils doivent, d'autres leçons privées ou dans un établissement public. Cependant il leur faut pour cela la permission du directeur du séminaire, et celui-ci doit veiller à ce que l'excès de travaux semblables ne mette pas en danger la solidité de la préparation pratique et les progrès scientifiques du séminariste. Le chiffre total des heures qu'un séminariste peut donner à l'enseignement dans un établissement public ne doit pas dépasser 15.

« § 7. Chaque séminariste est tenu de prendre part régulièrement aux réunions du séminaire et d'accomplir les travaux qui lui sont assignés à cet égard par le directeur. Ces réunions ont lieu tous les 15 jours sous la présidence du directeur, ont une durée de 2 heures, sont consacrées à la critique des dissertations présentées par les membres du séminaire et, dans la mesure où il reste du temps libre pour cela, à des discussions scientifiques et didactiques réglées par le directeur. Au domaine de ces discussions appartiennent particulièrement des comptes rendus d'ouvrages didactico-pédagogiques et de livres scolaires relatifs aux diverses branches de l'enseignement.

« § 8. Chaque membre du séminaire est tenu de remettre dans l'année au directeur une dissertation sur un sujet

emprunté à une science spéciale et une dissertation didactico-pédagogique.

§ 9. Pour la première de ces dissertations, on a lieu d'attendre que chaque séminariste se choisira un sujet appro-
prié dans le domaine de ses études spéciales. Cependant il
doit le soumettre d'avance à l'acceptation du directeur et il
peut aussi, en cas d'indécision sur le choix d'un sujet, prier
le directeur de lui en proposer quelques-uns.

« Les dissertations d'érudition du domaine de la philologie
classique, à moins que le directeur ne considère comme
convenable de permettre une exception, doivent être écrites
en latin.

« § 10. Pour sa dissertation didactico-pédagogique, le séminariste a aussi la liberté de se choisir lui-même un sujet et
de s'assurer la confirmation de son choix par le directeur ;
mais cependant les propositions doivent ici partir du directeur plus souvent que dans le premier cas. Le directeur
aura soin de ne pas faire travailler sur des questions générales de pédagogie ou de didactique qui, chez des maîtres
novices, conduisent facilement à des abstractions creuses ;
mais il donnera des devoirs spéciaux sur la matière et la
méthode de l'enseignement dans chacun des domaines de
l'instruction auxquels touche dès ses débuts l'activité professionnelle des séminaristes, et où les principes didactiques
généraux ont à faire leurs preuves en s'y appliquant.

« Les dissertations didactico-pédagogiques doivent être
écrites en allemand.

« § 11. La dissertation de chacun des séminaristes est trans-
mise à un autre pour qu'il en fasse le compte rendu et la
critique, à tous les membres pour qu'ils en prennent connaissance, et devient ensuite l'objet d'une discussion orale
dans la réunion du séminaire. La discussion a lieu dans la
langue où la dissertation est écrite.

« Pour les dissertations d'érudition qui échappent aux connaissances spéciales du directeur, celui-ci a le droit de demander l'avis d'un homme compétent et d'en faire part, de la manière qu'il juge convenable, au séminaire ou du moins à l'auteur de la dissertation. »

Les paragraphes 10 et 11 du règlement pour le séminaire théologico-pédagogique de l'Université de Halle-Wittemberg, élaboré à Berlin le 18 février 1856, contiennent les dispositions suivantes : « Outre les occupations qui visent à l'éducation théorique des séminaristes, les membres du séminaire, pour être initiés à la pratique de l'enseignement, ont à se soumettre sans objection aux exercices préparatoires pratiques qui leur sont ordonnés par le directeur. Les exercices pratiques consistent de préférence en leçons sur un sujet déterminé à l'avance et qui ont lieu dans le séminaire, avec des écoliers que le directeur fait venir à cette intention dans l'auditorium. Après le départ des élèves, le directeur provoque la critique de la leçon qui a lieu et donne enfin son propre jugement (1). »

Il y a peu de chose à ajouter à ces prescriptions explicites et qui sont exactement suivies. J'ai assisté à tous les exercices recommandés dans les dispositions précédentes. J'ai visité le séminaire pédagogique de Berlin, qui est actuellement sous la direction de M. Kern, directeur du *Kölnisches gymnasium*. M. Kern avait soumis à ses élèves certaines épreuves d'une grammaire qu'il était en train de faire imprimer et l'un d'eux était chargé d'en faire le compte rendu. Il s'agissait de syntaxe. Le rapporteur lut un long travail critique, en rapprochant ses opinions de celles d'un grand nombre de pédagogues, comme Nägelsbach, Schrader, etc., sans oublier d'envisager les doctrines au point de vue du

1. Wiese, 1864, p. 700.

développement de l'enfant et des différentes périodes de l'évolution de son esprit. Il y eut ensuite une discussion orale très libre, où M. Kern intervint et qu'il conduisit avec son attentive autorité. Une autre fois, j'accompagnais M. Hoffmann, professeur de théologie et de pédagogie à.l'Université de Leipzig, dans une école primaire où un de ses élèves faisait la leçon. Un autre membre du séminaire y assistait, et, quand elle fut finie, il exposa ses critiques, suivies d'un jugement définitif du professeur. Dans la même ville, j'ai eu l'avantage d'entendre les exercices du séminaire pédagogique de M. Eckstein, directeur honoraire de la *Thomasschule*, célèbre humaniste, vieillard aussi bienveillant que remarquable par l'incomparable verdeur de son pénétrant esprit. M. Eckstein a habitué les Français à la plus accueillante hospitalité. M. Dreyfus-Brisach a publié naguère une étude sur lui (1), et M. Bréal a raconté mieux que je ne saurais faire comment des élèves de gymnase sont amenés dans le séminaire pour donner à l'un de ses membres l'occasion de faire une classe, critiquée ensuite par les autres séminaristes et admirablement jugée par le vieux maître (2).

Pour être nommé professeur dans un des établissements d'enseignement secondaire (Kandidaten des höheren Schulamts), il faut subir un examen d'Etat, l'examen *pro facultate docendi*. Il fut établi le 12 juillet 1810. Jusque-là, il n'y avait eu dans ce sens que des tentatives imparfaites. Le titre de théologien ou de docteur tenait le plus souvent lieu d'examen. On avançait au fur et à mesure qu'il se produisait des vides dans les hautes classes. Le 15 septembre 1800, le mi-

1. *Revue internationale de l'enseignement*, t. I, p. 338.
2. Michel Bréal, *Excursions pédagogiques*, Paris, chez Hachette, 1882, p. 56-57. J'ai visité également à Leipzig, et avec le même intérêt, les séminaires de MM. Masius et Strümpell.

nistère établit un examen d'avancement. On s'y préoccupait surtout de la place du recteur. Il importe de savoir, dit l'ordonnance, « si les candidats possèdent une culture philosophique, pédagogique et une culture scientifique générale suffisante pour surveiller et conduire avec succès tout un établissement d'instruction ; s'ils ont des vues sur les écoles en tant qu'établissements d'éducation et sur leur influence dans l'éducation domestique et populaire ; s'ils ont une idée des relations d'un recteur avec les professeurs, les élèves, les parents et le public et sur quels principes ils fondent le mérite d'un directeur. » Ce premier pas conduisit à établir l'examen *pro facultate docendi*, roulant sur la préparation scientifique et pédagogique des candidats au professorat. Les hommes les plus considérables de l'époque dans l'instruction publique se prononcèrent pour cette institution. W. de Humboldt insistait sur la nécessité de répandre l'esprit pédagogique partout, dans l'enseignement et dans les établissements d'éducation. Schleiermacher fut d'avis qu'on eût à subir cet examen quand bien même on serait docteur, et Wolf se prononça dans le même sens, ajoutant qu'aucune place ne devrait être donnée à qui n'a pas prouvé qu'il peut la remplir. L'édit du 12 juillet 1810 marque le point où l'état ecclésiastique et le métier de professeur deviennent différents et à partir duquel le professorat passe peu à peu entre les mains des laïques (1).

Cet édit a été revisé le 12 décembre 1866, complété depuis lors par diverses circulaires et il attend une nouvelle rédaction qui est depuis des années à l'étude. Il a toutefois certains traits essentiels qui ne peuvent guère changer. Il faut, entre autres conditions, pour se présenter à l'examen, montrer le certificat de sortie d'un gymnase et avoir étudié

_____

1. Pour tout ce passage, voy. Wiese, 1864, p. 545 et suiv.

au moins trois ans dans une Université. Le candidat doit
écrire, dans un délai de six mois, un travail sur un thème
philosophique ou pédagogique, et il doit en outre remettre
un ou deux devoirs sur des sujets empruntés à la spécialité
à laquelle il se destine. Ces dissertations sont traitées, suivant les cas, en allemand, en latin ou dans une langue moderne. La commission peut, si elle hésite après cela; soumettre encore le candidat à des épreuves écrites en lieu clos,
sans le secours d'aucun livre ; elle peut au contraire l'affran-
chir de toutes ces premières formalités et se contenter de
l'interroger sur sa thèse de doctorat, s'il en paraît digne.
Dans l'examen oral, qui porte plus spécialement sur la branche d'enseignement que le candidat a choisie, il est fait une
place à la pédagogie. L'ensemble de l'examen doit montrer
que le candidat connaît les lois les plus importantes de la
logique et les principales données de la psychologie pratique. Il doit pouvoir prouver qu'il a lu avec attention et intelligence un des ouvrages philosophiques les plus importants,
et il est d'ailleurs libre de le choisir à son gré. Il faut qu'il
ait une certaine connaissance de l'histoire de la philosophie,
qu'il soit suffisamment familiarisé avec l'histoire de la pédagogie nouvelle et qu'il soit pénétré des règles essentielles
de la méthodique. Il peut y avoir enfin une leçon pratique,
à titre de dernière épreuve (1).

Le candidat, selon qu'il a passé plus ou moins bien l'examen,
reçoit un brevet de premier, de second ou de troisième
rang, qui lui permet d'enseigner dans la division supérieure,
moyenne ou inférieure. Les dispositions très compliquées
qui président à cette classification ou qui la corrigent, sont
de celles qui prêtent le plus à la critique et qui seront le
plus probablement modifiées, quand on réformera l'ordon-

1. *Heymann'sche Prüfungs-Reglements*, n° 8. Berlin, 1883.

nance de 1866. Ici encore la guerre des humanistes et des réalistes est très vive, car ces derniers ne sont autorisés à devenir professeurs que pour certaines branches de l'enseignement et dans leurs propres établissements ; la conquête de toute autre chaire leur est rendue très difficile par des épreuves spéciales (1). Encore ce droit restreint est-il un de leurs gains les plus nets de l'année 1870 (2). Une autre particularité qui peut paraître d'un autre âge, c'est qu'on a égard à la confession des professeurs pour les nommer. La plupart des établissements d'éducation ont un caractère confessionnel et la nomination des maîtres appartient au « patronat » de l'établissement, sauf investiture du gouvernement pour les chaires des classes supérieures (3). L'État peut être lui-même patron ou protecteur des gymnases ; mais ce titre appartient souvent à un prince, à une ville, à un conseil gérant une fondation ou un legs. C'est le cas surtout des gymnases classiques, dont l'institution remonte souvent à des temps assez éloignés. Le patronat veille à ce que le caractère confessionnel de l'établissement s'accuse par la composition du corps des professeurs ; et l'Etat en s'attribuant la haute main sur l'instruction publique, en 1850, n'a pas voulu rompre avec la tradition religieuse qui avait régné jusque-là (4). L'exclusivisme confessionnel est donc poussé très loin et les professeurs juifs sont particulièrement bannis de la plus grande partie des gymnases classiques. L'enseignement réal, plus moderne, est aussi plus tolérant et plus ouvert à tous (5).

Les professeurs ne reçoivent pas immédiatement leur nomination à titre définitif. Ils doivent faire une année de

1. *Heymann'sche Prüfungs Reglements*, n° 8, p. 3, 37, etc.
2. Wiese, 1874, p. 401
3. *Ibid.*, 1864, p. 10.
4. *Ibid.*, 1869, p. 25, et 1864, p. 15. etc.
5. *Ibid.*, 1864, p. 37 et 564.

stage (*Probejahr*). L'idée qui a inspiré cette organisation est celle de leur faire apprendre la pratique de leur métier avant de les y installer complètement. « Les séminaires pédagogiques sont loin de répondre par leur nombre et par leur extension aux besoins réels et toujours croissants de professeurs bien préparés. Des jeunes gens qui ne se sont occupés que de leur préparation scientifique n'ont pas encore une idée complète de l'enseignement ni de l'importance de leur profession. Il importerait donc de trouver des arrangements convenables pour les initier à leur métier et les renseigner sur leurs devoirs, avant d'en placer sur eux le poids tout entier. Ils ne sont pas encore si bien édifiés sur l'enseignement qu'ils puissent se passer du secours de l'expérience ; et on ne peut pas approuver non plus que, dans tous les cas, le jeune professeur reproduise purement et simplement les procédés par lesquels il a reçu lui-même l'instruction comme élève. Déjà au fond des dispositions de la circulaire du 24 septembre 1826, par laquelle une année de stage (mot à mot : d'essai, *Probejahr*) a été imposée aux futurs professeurs des hautes écoles, on démêle la pensée d'amener les candidats à la connaissance de leur profession pa l'exemple et l'enseignement des professeurs plus âgés(1). » Cette circulaire a été revisée le 30 mars 1867. Le candidat après avoir subi l'examen *pro facultate docendi*, commence par assister à un certain nombre de classes dans un gymnase, en qualité d'auditeur. Puis il assume à son tour sept heures de leçon par semaine ; son service, dans ces limites, est gratuit ; s'il donne plus de temps il est payé pour les heures supplémentaires. Le directeur peut charger un professeur de donner au stagiaire les conseils nécessaires pour ces leçons et de surveiller son enseignement. Le sta-

1. Wiese. 1864, p. 525 et suiv.

giaire prend part aux conférences générales des professeurs comme à celles où des points particuliers d'enseignement sont discutés ; mais il n'a le droit de vote que dans les affaires qui intéressent directement ses élèves. A la fin de l'année, le directeur fait un rapport détaillé sur les services et la conduite du candidat et, à l'occasion, il signale les points sur lesquels il a besoin de s'appliquer encore et de se perfectionner (1). Si cela est jugé nécessaire, le candidat peut être obligé à faire une ou plusieurs leçons devant un commissaire spécial, à titre d'épreuves, avant de recevoir le brevet qui lui permet d'être placé comme professeur adjoint (2).

« L'utilité pratique de l'année de stage devrait dépendre en grande partie, d'après cette organisation, du directeur du gymnase, de son aptitude et de sa bonne volonté, de l'attention sympathique avec laquelle il accompagnerait les premiers pas du jeune stagiaire. Malheureusement, la multiplicité de leurs affaires professionnelles rend ce dévouement bien difficile à la plupart des directeurs, surtout dans les grandes villes ; et c'est justement là que s'adressent le plus souvent les candidats, attirés par les perspectives plus favorables que leur laissent entrevoir les centres populeux. Le but principal de l'année de stage n'est donc pas atteint dans la mesure où on aurait lieu de le souhaiter (3) » et le ministère prépare depuis longtemps une réforme de cette institution. Un premier projet, qu'il a présenté au Landtag prussien, a été repoussé dans la session 1882-83. Quelle que soit la nature des dispositions qui pourront intervenir par la suite, on peut présumer qu'elles auront pour objet d'augmenter les garanties d'instruction professionnelle présentées

1. Sander, *Lexic. der Padagart.* Probejahr, p. 372.
2. Voy. *Heymann'sche Prüfungs-Reglements*, nº 8, p. 17-18.
3. Wiese, 1864 p. 525 et suiv.

par les maîtres au moment de leur nomination officielle.

Dès aujourd'hui, les moyens qui concourent à assurer à l'Allemagne un enseignement rationnel forment un ensemble d'une incontestable valeur. Les séminaires, pédagogiques ou autres, donnent tous les ans à l'instruction publique, et sur tous les points du territoire, des maîtres bien renseignés sur les méthodes de l'enseignement en général et de ses diverses branches en particulier. La présence de ces maîtres dans les conférences de professeurs, celle des directeurs de gymnase qui sont toujours des pédagogues expérimentés, l'institution même de ces conférences réglant le plan et la marche de toutes les études dans l'établissement, sont autant de raisons qui maintiennent dans tout le corps enseignant le souvenir des principes de l'éducation, le sentiment de ses problèmes délicats et le souci de leurs meilleures solutions. L'année de stage bien comprise constitue une initiation qui, sans être parfaite, n'est pas à dédaigner. L'examen *pro facultate docendi* ne permet à personne de devenir professeur sans avoir quelque idée de la pédagogie et de son histoire, et ce que les candidats sont forcés d'en apprendre suffit du moins à leur révéler les difficultés que cette étude soulève et la nécessité de les traiter méthodiquement. Au surplus, les Universités jouent ici comme ailleurs un rôle d'une importance considérable. Le nombre de leurs étudiants qui se destinent au professorat est trop élevé pour qu'on les oublie ; les questions pédagogiques sont en elles-mêmes trop intéressantes pour n'être pas abordées. Aussi la plupart des Universités ont-elles soin d'avoir chaque semestre un cours de pédagogie et parfois même trois ou quatre (1). Celui que j'ai suivi à Berlin, pen-

---

1. Voy. *Deutscher Universitätskalender*, à Berlin, chez Leonhard Simion ; chaque semestre.

dant le semestre d'hiver 1883-84 (1), n'a cessé d'être fréquenté par deux ou trois cents étudiants. Tous n'avaient pas l'intention de devenir professeurs. Le profit pour la pédagogie n'en est que plus certain. C'est ainsi qu'il se forme autour des questions d'enseignement une opinion et un mouvement général des esprits, et c'est grâce à cela que l'instruction publique en Allemagne est devenue l'affaire de toute la partie de la nation qui pense et qui lit. L'enseignement secondaire, comme le primaire, peut se glorifier de toute une littérature déjà ancienne et toujours florissante ; lui aussi, il soutient une presse nombreuse, appliquée et active (2). Mais c'est à l'Université qu'il doit en grande partie l'impulsion et la vie. De même, si nous voulons reprendre et développer les traditions de la pédagogie française, il nous faut nous assurer l'honneur et le bénéfice d'une bonne philosophie de l'éducation ; il nous faut peut-être attendre moins d'effets de la réglementation administrative de notre enseignement secondaire, si importante qu'elle soit, que de l'énergie et des efforts de notre enseignement supérieur.

1. Celui de M. le professeur Paulsen. Je lui ai emprunté bon nombre des vues les plus hardies qu'on a trouvées mêlées plus haut à mon exposition de la pédagogie des gymnases. Ces libres discussions de la tradition et de l'utopie sont le gage même de la conservation et du progrès.

2. Au cabinet de lecture de la bibliothèque royale de Berlin, j'ai compté plus de 25 journaux et revues, hebdomadaires, mensuels ou autres, consacrés uniquement aux questions d'enseignement. Leur disposition est généralement telle, que, dans une première partie, ils donnent des articles originaux, discussions de philologie, d'histoire, de littérature, de philosophie, de pédagogie, d'administration, etc., et dans une seconde partie, une bibliographie très étendue et très critique des nouveaux livres de classe et d'érudition.

CONCLUSION

Je voudrais, en trois mots, résumer trois observations principales que les études précédentes me paraissent suggérer.

La pédagogie allemande, dans son enseignement, parle et fait parler le plus qu'elle peut;

Dans ses examens et ses concours, elle fait volontiers, parmi les épreuves de circonstance, une place aux titres antérieurs et à des travaux méthodiques;

Le secret de sa prospérité, des services qu'elle rend et des progrès qu'elle accomplit, est en dernier ressort dans l'enseignement supérieur.

FIN

TABLE DES MATIÈRES

PREMIÈRE PARTIE

ENSEIGNEMENT PRIMAIRE ET MOYEN

DEUXIÈME PARTIE

ENSEIGNEMENT SECONDAIRE ET SUPÉRIEURE

Imr. de la Soc. de Typ. - Noizette, 8, r. Campagne-Première. Pari.

www.ingramcontent.com/pod-product-compliance
Lightning Source LLC
LaVergne TN
LVHW012022170726
843503LV00001B/364